Declaraciones Patrimoniales y de Intereses en México

Actualidad y Futuro

Andrés Emiliano Valdez Huerta

Declaraciones Patrimoniales y de Intereses en México: Actualidad y Futuro

Andrés Emiliano Valdez Huerta

Resumen

La prevención y detección de la corrupción exige la búsqueda métodos y fuentes de información que contribuyan a que exista un quehacer gubernamental transparente con condiciones de eficiencia, imparcialidad, profesionalismo y sobre todo con una efectiva rendición de cuentas. Bajo dicho entendido, destaca que en México se ha instaurado a la declaración de situación patrimonial y de intereses como parte de los mecanismos que buscan fortalecer la rendición de cuentas y el combate a la corrupción en el Estado Mexicano.

Sin embargo, dicho mecanismo enfrenta desafíos en términos de precisión, confiabilidad y eficiencia. Motivo por el cual en el presente escrito por medio de una revisión de literatura se aborda el esquema actual de declaración de situación patrimonial y de intereses que existe en México, así como sus principales retos y oportunidades como herramienta de rendición de cuentas y combate a la corrupción, hacia un futuro más tecnológico y transparente.

Abstract

The fight against corruption requires new methods and sources of information that contribute to the existence of conditions as efficiency, professionalism, and effective accountability in government work. Based on it, stands out that in Mexico the declaration of financial situation and interests has been established as part of the various mechanisms of accountability in the fight against corruption.

For this reason, through a literature review, this article analyzes the declaration of financial situation and interests along with its main challenges and opportunities in the fight against corruption in the public service in Mexico.

Palabras Clave: Fiscalización, Anticorrupción, Gobierno, Rendición de Cuentas, Transparencia.

Key Words: Government Inspection, Corruption, Accountability, Transparency, Government.

Agradecimientos

A Paola, mi compañera de vida. Por su paciencia, apoyo, motivación y en especial su amor. Gracias, por tanto.

A mis padres y mi hermano por todo su apoyo incondicional a cada momento.

Índice

Resumen

Prefacio

Introducción

Declaraciones Patrimoniales y de Intereses en México: Actualidad
- El Esquema General de Rendición de Cuentas y Anticorrupción en México
- Declaraciones Patrimoniales y de Intereses el Esquema Actual: Un Compromiso con la Transparencia

Declaraciones Patrimoniales y de Intereses en México: Futuro
- Bases Conceptuales de la Ciencia de Datos, Big Data e Inteligencia Artificial
- Uso de Tecnologías y la Política Nacional Anticorrupción
- Nuevas Tecnologías Para el Análisis Patrimonial y de Intereses
- Casos de Implementación de Nuevas Tecnologías en la Gestión Pública
- Retos en la Implementación de Nuevas Tecnologías en las Declaraciones Patrimoniales y de Intereses en México
- Cambio en el Modelo de Evolución Patrimonial en México

Conclusión: Avanzando Hacia un Futuro Tecnológico, Transparente y Eficiente

Referencias

Prefacio

Hablar de historia es hablar de corrupción, no existe un pasaje histórico en el que no esté descrito un capítulo especial sobre la corrupción y su correlación con la decadencia de las sociedades. La historia humana es en sí la historia de la corrupción.

Acerca de dicho comportamiento inmoral sobran ejemplos que muestran los abusos, excesos y desastres causados por quienes ostentaban una responsabilidad y que usaron dicha situación para beneficiarse sin importarles nada más.

El comportamiento corrupto es una muestra de lo peor del ser humano, las atrocidades que es capaz de cometer una persona en su afán de conseguir sus individualistas y egoístas deseos y ambiciones. Anteponiendo sus intereses personales por sobre las afectaciones que puede llegar a causar a otros seres humanos, dejando de lado la responsabilidad que tiene y aprovechándose de la confianza que en el corrupto se había depositado.

Al respecto, la afamada obra de Dante Alighieri "La Divina Comedia" escrita allá por los años 1,300, es un ejemplo que puede ilustrar que no hay pasaje histórico sin un capítulo o mención sobre la corrupción. Lo cual demuestra que perpetuamente ha estado presente en las sociedades.

En su obra, Dante formó un concepto muy particular sobre el infierno, ya que estaba conformado por una serie de niveles o "círculos" bajo la lógica de que, a mayor magnitud de las atrocidades cometidas en vida, mayor la profundidad y peor el castigo al que se hacían merecedores las personas que llegaban a él.

Así, el infierno contemplaba 9 niveles y un vestíbulo previo a su entrada. Destacando de entre ellos el círculo número 8, dado que, según Dante, habitaban en él los fraudulentos, aquellas personas que se dedicaban a estafar o defraudar a otros. Específicamente, el referido círculo contaba con 10 "subniveles", dentro de los cuales se encuentra el subnivel quinto en el que estaban sufriendo todos los que abusaron de algún cargo público, o bien los corruptos.

Lo cual es un reflejo de que en ese momento de la historia no se estuvo exento de la presencia de comportamiento corrupto por parte de aquellos que ocupaban cargos públicos. Siendo catalogado por Dante como uno de los comportamientos más atroces que pudieran existir, al colocar a los corruptos en uno de los niveles más profundos en su concepto del infierno.

A la par, es de resaltar el vestíbulo previo a la entrada del infierno de Dante. Debido a que en dicho espacio se encontraban los cobardes, los inútiles, los indecisos carentes de voluntad y por ende de responsabilidad. Reflejo del repudio que el autor tenía por aquellos que no cumplían con sus responsabilidades o aquellos que eran percibidos como "tibios" sin compromiso alguno.

Algunos otros ejemplos históricos sobre el comportamiento corrupto son mencionados en el artículo "Historia de la Corrupción". El cual refiere que algunos historiadores remontan la existencia de los primeros rastros documentados de comportamiento corrupto al reinado de Ramsés IX, allá por el año 1100 A.C. en Egipto. (M. Sandri, 2012)

Afirmando que lo encontrado muestra como un funcionario del faraón denunció en un documento los negocios sucios de otro funcionario que se había asociado con una banda de profanadores de tumbas para enriquecerse a costa de su cargo e influencias.

También se mencionan algunos casos destacados en la época de los griegos. Como el del año 324 A.C. cuando Demóstenes fue acusado de haberse apoderado de las sumas depositadas en la Acrópolis por el tesorero de Alejandro, mismo que fue condenado y obligado a huir. Igualmente sobresaliendo el caso de Pericles, conocido como "el incorruptible", quien fue acusado de haber especulado sobre los trabajos de construcción del Partenón.

Ya para la época de los romanos se acuñó el término "ambitus" que significaba corrupción política en el antiguo derecho romano, referente a un delito electoral para acceder al poder político. Contexto histórico en el que Cicerón postuló su afamada frase "servirse de un cargo público para enriquecimiento personal resulta ya no inmoral, sino criminal y abominable".

Algunos ejemplos más son el de Felipe II rey de Francia, que en el siglo XIII impuso feroces impuestos a sus súbditos y les obligaba a realizar fuertes donaciones que terminaban en sus arcas privadas. Refiriendo también lo escrito por Maquiavelo para los principados, "que el príncipe no se preocupe de incurrir en la infamia de estos vicios, sin los cuales difícilmente podrá salvar al Estado"; o lo dicho por Cristóbal Colón cuando se lanzó a la conquista, quien según exclamó "el oro, cual cosa maravillosa, quienquiera que lo posea es dueño de conseguir todo lo que desee. Con él, hasta las ánimas pueden subir al cielo".

Se menciona que Luis XIV en sus memorias expresó "no hay gobernador que no cometa alguna injusticia, soldado que no viva de modo disoluto, señor de tierras que no actúe como tirano. Incluso el más honrado de los oficiales se deja corromper, incapaz de ir a contracorriente".

Después, para la Revolución Francesa, con la llegada de Robespierre conocido también como "el incorruptible" se inició un cambio, pero duró muy poco. Saint-Just se vio obligado a reconocer que "nadie puede gobernar sin culpas". El régimen de Bonaparte siguió la estela de corrupción de la monarquía anterior, inclusive se dice que Napoleón solía señalar a sus ministros que les estaba concedido robar un poco, siempre que administraran con eficiencia.

Pero el que más sobresale de los franceses, llegando a ser señalado como el más corrupto de todos, es Talleyrand. Respecto a él, el emperador francés decía que era "el hombre que más ha robado en el mundo. Es un hombre de talento, pero el único modo de obtener algo de él es pagándolo".

Posteriormente, en el marco de la revolución industrial, con el aumento de las relaciones comerciales aumentaron también las prácticas ilegales y corruptas. Adam Smith, inclusive se refería al comportamiento corrupto por parte de los políticos al señalar que "el vulgarmente llamado estadista o político es un sujeto cuyas decisiones están condicionadas por sus intereses personales". Sobresaliendo que Smith abordó el tema de la ética ya que escribió verazmente sobre la simpatía o empatía en su obra "Teoría de los Sentimientos Morales", en la que expuso una serie de reflexiones acerca de cómo se comparte, aprueba, rechaza o castiga algún sentimiento o acción ajena.

En dicho contexto histórico se esperaba que con los cambios que trajo la revolución industrial y la llegada de una clase social nueva a los recursos y consecuentemente al poder, también vendría una mayor conciencia social para evitar los abusos anteriores de los regímenes de la nobleza. Amargamente sucedió todo lo contrario ya que poco se pudo hacer para evitar que la nueva clase social cayera en la tentación de usar la política para el enriquecimiento personal.

Alexis de Tocqueville ilustre pensador francés y uno de los teóricos más importantes del liberalismo, afirmaba que "en los gobiernos aristocráticos, los hombres que acceden a los asuntos públicos son ricos y sólo anhelan el poder, mientras que en las democracias los hombres de Estado son pobres y tienen que hacer su fortuna". Viéndose reflejado en su expresión el anhelo de un sistema más democrático, dada la corrupción que existía entre los oligarcas de la época, pugnando así por un sistema más liberal, democrático, igualitario y con mayor responsabilidad social.

Para el siglo XX, con la puesta en marcha de los regímenes totalitaristas únicamente se reforzaron las prácticas corruptas de los gobernantes. Ya que una marca característica que se observa en los países donde existió fascismo o comunismo era que la corrupción formaba una parte primordial del ejercicio del Estado, usándolo como medio para el enriquecimiento propio.

Situación de la cual tampoco estaban exentos los regímenes liberales de dicha época. Un ejemplo es que se menciona que el propio Winston Churchill señalaba que "un mínimo de corrupción sirve como un lubricante benéfico para el funcionamiento de la máquina de la democracia". (M. Sandri, 2012)

En tiempos más recientes, se tiene como ejemplo lo sucedido en la llamada "Burbuja Inmobiliaria de los Estados Unidos" del 2008, la cual afectó a todo el mundo al generar una serie de colapsos económicos internacionalmente.

Se afirma que dicha crisis fue el resultado de una serie de factores de irresponsabilidad y corrupción, basada principalmente en la poca regulación del sector financiero y en préstamos de dinero "barato" con tasas de hasta 1% buscando una agresiva expansión del crédito hipotecario. Otorgándolos inclusive a personas sin ingresos, ni activos o empleo, los cuales fueron llamados "hipotecas subprime", mismos que tenían una alta probabilidad de impago.

A lo anterior se le suma que dichos "subprime" se mezclaban con otros activos mercantiles, creando una gran variedad de productos financieros, los cuales se comercializaban libremente y sin ningún tipo de regulación que, cuando la burbuja estalló, los precios de los inmuebles se desplomaron llevando a los impagos y posteriormente al colapso económico que ya se conoce.

De lo dicho, en el artículo de la BBC "La crisis financiera de 2008 en Estados Unidos habría podido evitarse" se menciona que la comisión creada en mayo de 2009 para establecer las causas de la crisis criticó en su informe la reducción en la regulación financiera.

Concluyendo que la crisis fue causada por una serie de factores como fallas en la regulación financiera y la gestión empresarial, así como la falta de entendimiento del sistema financiero por parte de los diseñadores de políticas. Sin dejar de lado el "empaquetamiento" de la deuda de alto riesgo relacionada con hipotecas en instrumentos de inversión, que "encendió y propagó la llama del contagio".

El informe también destacó las fallas "abismales" en las agencias de calificación crediticia para reconocer los riesgos involucrados en estos y otros productos. Advirtiendo violaciones éticas "a todos los niveles". (BBC Mundo, 2011)

A la par del desastre de la burbuja inmobiliaria se destapó el caso de Bernard Madoff, en el cual dicho inversionista estadounidense orquestó uno de los fraudes financieros más grandes de la historia. Basado en un esquema conocido como Ponzi, en el que su fondo de inversión usaba el dinero que recibía por nuevas inversiones para pagarles a sus clientes anteriores.

Dicho esquema fraudulento de "inversiones" llegó a valorarse en $68,000 millones de dólares, teniendo entre su lista de víctimas a la fundación benéfica del director de cine Steven Spielberg, a varios bancos de Reino Unido, el banco HSBC, el Royal Bank of Scotland, Man Group y Nomura Holdings de Japón. No sólo perjudicando a la élite y las grandes empresas sino también a maestros, agricultores, mecánicos y muchos otros que también perdieron mucho dinero. (BBC News Mundo, 2021)

De esta forma, es importante mencionar que todo lo enlistado hasta el momento no es más que una muestra de abusos, excesos y desastres causados por personas que ostentaban alguna responsabilidad, quienes tenían la confianza de numerosas personas. Pero que, al corromperse, emplearon su poder o autoridad para su beneficio personal, sin importarles las afectaciones que sus acciones u omisiones tendrían sobre otras personas, en especial sobre aquellas que les otorgaron su confianza.

Por ello, es de observarse con detalle que, al hablar de comportamiento o conducta corrupta, inseparablemente se habla también de otros dos conceptos que se encuentran estrechamente interrelacionados con dicho proceder. Directa o indirectamente, también se está hablando de confianza y de responsabilidad.

Cuando se menciona el caso de cómo una persona actuó corruptamente, se habla y señala con desdén, impotencia y profunda decepción acerca un deber o responsabilidad que no se cumplió o fue violentado, apuntando a la traición de la confianza que se había depositado en el o los corruptos.

Al respecto, algunas de las palabras o términos que me vienen a la mente al pensar en corrupción o bien, al describir los casos presentados anteriormente son: esperanza, expectativa, deseo, necesidad, orden, reglas, acuerdos, justicia, correcto, incorrecto, decepción, enojo, furia, pérdida, fe, promesa, compromiso, traición, fraude, altruismo, egoísmo, valores, ética, moral, obligación, leyes, castigos, razón, servicio, promesa, reciprocidad, sociedad, recompensa, política, trato, etc...

Así pues, es de resaltarse que tanto la conducta corrupta, como los términos referidos en el párrafo anterior y los casos enunciados a lo largo de este prefacio tienen una previsible constante detrás de ellos. Todos encuentran su base en los conceptos de la confianza, la responsabilidad y sus antónimos, la desconfianza y la irresponsabilidad. Siendo justo ahí en donde se origina el término "corrupción".

En este punto, tengo a bien el referir que los factores que inciden en la "corrupción" desde una perspectiva conductual y de cómo se interrelacionan para materializarse en un tipo de comportamiento humano, ya lo he estudiado y presentado en el libro "Homo Corruptus". No obstante, para este mensaje introductorio considero importante retomar algunas ideas del mencionado libro, así como abordar los conceptos de confianza, responsabilidad y sus antónimos.

De esta forma, al inicio del texto mencioné impactantes historias de traición, abuso y exceso, ya que, al igual que las grandes historias de valentía y coraje, son un recurso que llama mucho la atención, puesto que en esencia se está hablando de conceptos que nos unen como especie.

Así, bajo dicho entendimiento es normal comprender la emoción que sentimos cuando vemos o sabemos de alguien que a pesar de las tentaciones u obstáculos cumple con un deber o responsabilidad, generando respeto y admiración en consecuencia. Sin obviar que igualmente nos resulta interesante ver cómo alguien da rienda suelta a sus deseos y ambiciones, utilizando su poder o autoridad para lograrlo, actuando con abuso, irresponsabilidad y corruptamente en consecuente. Resultando en la admiración o repudio de quien observa, escucha o tiene conocimiento de dichas historias, según sea el caso.

En suma, para poder comprender lo hasta ahora enunciado, debo hacer notar que las sociedades humanas siempre han tenido entre sus principales cimientos a la confianza y a la responsabilidad. Ya que dichos conceptos son la base sobre la cual nos apoyamos los unos a los otros como grupo, como especie, como seres humanos.

De modo que generamos sociedad o bien nos asociamos o relacionamos, al otorgarnos confianza entre nosotros, esperando un comportamiento responsable en reciprocidad a la confianza otorgada, que, al no existir tal, se señala y reclama abuso, traición, injusticia o "corrupción".

Lo cual genera la necesidad de implementar reglas, límites, controles, autoridades y potenciales castigos, en pro de la confianza y la responsabilidad entre personas. Creándose así el "Leviatán" o "Pacto Social" del que nos hablaron Rousseau y Hobbes, que no son más que una extensión y formalización de conceptos que se desenvuelven desde la confianza y la responsabilidad. Teniendo ahí la base de lo "justo" o de la justicia, de pretender con ello establecer y propiciar lo que "debe ser" entre personas.

Por lo tanto, se debe reconocer que toda relación humana versa sobre la confianza y la responsabilidad, ya que todas las sociedades humanas se crean, destruyen y transforman de alguna forma bajo dichos conceptos y sus antónimos.

Por ejemplo, aplicando lo dicho a modelos de Estado o Gobierno, se menciona que las sociedades virtuosas se administran bajo regímenes monárquicos, aristocráticos o democráticos al existir responsabilidad y bienestar para las personas sujetas a dichos regímenes, pero que, al existir irresponsabilidad, corrupción e impunidad, se generan sus contrapartes decadentes, las tiranías, oligarquías u oclocracias.

Comúnmente es utilizado para referimos a la existencia de un cierto tipo de "lazo" que se da entre personas y que nos "articula" en sociedades. Aludiendo a uno de los grandes filósofos de la historia de la humanidad, resalta lo dicho por Aristóteles quien acuñó su afamada frase "El Hombre es un animal político", en su tratado sobre la política.

Quien hacia dicha afirmación comprendiendo que el ser humano es un ser social, que vive en comunidades, asociándose con otros individuos o grupos de individuos en función de objetivos o necesidades comunes como la supervivencia, la protección, el alimento, la procreación, etc., bajo la afirmación de que el ser humano tiene una preferencia natural a ser o actuar "socialmente".

La Real Academia precisa al concepto de confianza con una serie de definiciones tales como "Esperanza firme que se tiene de alguien o algo", "Familiaridad" y "Pacto o convenio hecho oculta y reservadamente entre dos o más personas, particularmente si son tratantes o del comercio". Coincidiendo con lo expresado anteriormente, referente a que es una noción que nos refleja la forma en la que nos relacionamos los unos con los otros.

Así pues, se comprende que la confianza es un concepto utilizado para referirse a la forma en que el ser humano cree, espera o estima la posibilidad de un posible resultado, otorgando algún nivel de certeza a lo que pueda llegar a suceder. Permitiéndole crear sociedad, lazos y relaciones con otros.

Ahora bien, en ocasiones se sobreentiende o infiere que la confianza es algo que se da entre al menos dos personas, pero si se observa con detenimiento se podrá ver que la confianza se da exclusivamente desde lo individual. Es el individuo quien confía en otro u otros respecto de un tema o asunto en particular, más no implica que sea siempre algo mutuo entre las personas, o que represente lo mismo para ambas partes. Uno es el "confiador" que decide creer, tener fe u otorgar su confianza, mientras que los que reciben ese beneficio son los "confidentes", por representarlo de alguna forma.

Lo anterior, aplica también cuando muchas personas confían en otra al mismo tiempo, ya que nunca deja de ser una relación individual en la que un sujeto decide confiar en otro. Viendo su confianza replicada e inclusive ratificada o influenciada por la acumulación de confianza que le ceden otros a esa persona o personas. Siendo un conjunto de relaciones individuales de confianza entre personas que únicamente se van acumulando. Teniendo ahí el origen del prestigio o la confiabilidad que se dice que una persona tiene, siendo alguien que goza de buena reputación por el cumulo de confianza o confiadores que lo respaldan.

Dicho lo anterior, se destaca que en el momento en que un individuo decide otorgar su confianza a otro seguidamente se genera lo que se denomina como "expectativa". De forma que el que confía tiene una expectativa respecto de las acciones u omisiones del otro, misma que se encuentra en total relación con la confianza otorgada. El que confía espera que la confianza que ha otorgado sea correspondida acorde a su expectativa, buscando la responsabilidad del otro.

Así pues, la confianza y seguidamente las expectativas están emparentadas con los pronósticos, las previsiones o las probabilidades. A mayor confianza, mayor el sentimiento de certeza sobre lo que va a acontecer en el futuro y mayor la certeza que se tiene de que el confidente cumplirá con la expectativa del confiador.

La confianza en el contexto social se ve reflejada mediante la materialización de una relación de intimidad de algún nivel, llevándonos a establecer relaciones de conocidos, amigos, pareja, familia, socios, gobernantes, etc.

En suma, la confianza es el cimiento principal de toda relación humana y forma parte esencial del bienestar personal y colectivo. Sin ella es imposible establecer una relación o vivir en sociedad. Destacando que la confianza implica asumir riegos. Ya que en dicha relación el confiador se encuentra en una situación de vulnerabilidad, al dejar su destino bajo las probabilidades de que el confidente responda acorde a la expectativa que tiene el confiador en él.

De forma que la corrupción, o mejor dicho la conducta corrupta, al igual que un cáncer insidioso, es ese comportamiento inmoral y asocial que mina y corroe la confianza entre personas, en las instituciones y socava el Estado de derecho. Lo cual ha llevado a que las sociedades modernas generen estrategias y acciones en busca de controlar o eliminar ese tipo de conducta antisocial. Siendo un ejemplo de ello las declaraciones patrimoniales y de intereses.

Por ello, este pequeño escrito surge como un esfuerzo para comprender, analizar y promover el valor de las declaraciones patrimoniales y de intereses como instrumentos para prevenir y combatir la corrupción en México. Con la intención de que todos aquellos interesados en el tema cuenten con un material que les permita comprender de manera general el esquema actual de rendición de cuentas que existe en México y en especial lo correspondiente a la declaración patrimonial y de intereses; presentando su actualidad, retos y sobre todo el potencial futuro que tiene esa herramienta al aprovechar diversos avances tecnológicos.

Comprendiendo que las declaraciones patrimoniales y de intereses no son simplemente formalidades burocráticas; sino instrumentos fundamentales para promover la integridad y la transparencia en la gestión pública. Ya que permiten revelar posibles conflictos de interés, conexiones financieras y actividades externas de los funcionarios públicos, ayudando con ello a prevenir el abuso de poder, la malversación de fondos y otros actos de corrupción.

De suerte tal que, en estas páginas nos adentraremos en un viaje de exploración que abarca desde su marco legal y sus mecanismos de implementación, hasta a su impacto en la cultura política y en la confianza ciudadana. A través del análisis riguroso y la reflexión crítica de un tema crucial para la salud democrática de nuestro país.

Así pues, se debe comprender que las declaraciones patrimoniales y de intereses son faros de transparencia y rendición de cuentas. Originadas en México, así como en otras naciones, como resultado de desafíos monumentales en el camino hacia una administración pública íntegra y responsable.

Entendiendo que la lucha contra la corrupción es una tarea colectiva que requiere el compromiso de todos los sectores de la sociedad. Este libro es un llamado a la acción y una invitación a participar en la construcción de un México más justo, honesto y próspero para todos.

Esperando que estas páginas inspiren y motiven a aquellos que buscan un cambio positivo en nuestro país. Que sirvan como guía en el arduo camino hacia una sociedad más transparente, responsable y solidaria. La lucha contra la corrupción es una tarea ardua, pero es una tarea que debemos abrazar con determinación y esperanza.

Andrés Emiliano Valdez Huerta

Introducción

La existencia de acciones para prevenir, detectar y sancionar la corrupción en el quehacer gubernamental son un requisito indispensable que sustenta la credibilidad y la existencia de los sistemas democráticos. Siendo establecidas como resultado de constantes casos de abuso y corrupción gubernamental que han llevado a la creación de instancias especializadas y al desarrollo de mecanismos para la evaluación, investigación y sanción de todo aquel comportamiento que se aleje de los principios de disciplina, legalidad, objetividad, profesionalismo, honradez, lealtad, imparcialidad, integridad, transparencia, rendición de cuentas, eficacia y eficiencia[1], correspondientes al servicio público en México.

Ejercidas bajo el entendido de que aquellas personas que integran al Estado y ostentan algún grado de autoridad tienen la obligación de actuar responsablemente en favor de la sociedad a la cual deben servir. Siendo indispensable generar acciones contundentes, inteligencia y sobre todo una constante innovación en la búsqueda de nuevas estrategias y mecanismos que contribuyan a prevenir y detectar la corrupción en cualquiera de sus formas y en todos los ámbitos.

---

[1] Principios aplicables al servicio público en México establecidos en la Ley General de Responsabilidades Administrativas, específicamente en el artículo 7. https://www.diputados.gob.mx/LeyesBiblio/pdf/LGRA.pdf

Así pues, destaca que la corrupción es una problemática altamente reconocida en México, siendo percibida por la ciudadanía como el segundo problema más importante al situarse por encima de temas como la pobreza, el desempleo, la mala atención médica y la baja calidad educativa; estando únicamente por debajo de la inseguridad y la delincuencia. Teniendo un costo estimado de 9,500 millones de pesos a nivel nacional para 2021 y de 11,910.6 millones de pesos para 2023.

Lo anterior, según lo muestra la Encuesta Nacional de Calidad e Impacto Gubernamental (ENCIG) en sus ejercicios 2021 y 2023, realizada por el Instituto Nacional de información Estadística y Geográfica (INEGI) con el objetivo de generar estimaciones sobre la prevalencia de víctimas de actos de corrupción y la incidencia de los mismos cometidos en la realización de trámites, pagos, solicitudes de servicios públicos y otro tipo de contacto con las autoridades. (INEGI, 2024)

A ello se suma que, según Transparencia Internacional, la mayor parte del mundo sigue sin combatir de lleno la corrupción ya que el 95 % de los países solamente han conseguido avances mínimos o nulos desde 2017. Señalando igualmente que, según el Índice de Percepción de la Corrupción, México se encuentra en el lugar 126 de 180 con un puntaje de 31 sobre 100, sin tener cambios importantes desde el 2021[2]. (Transparencia Internacional, 2023)

De esta forma, el combate de la corrupción se presenta como un tema de absoluta relevancia tanto en el ámbito nacional como a nivel mundial, el cual requiere y exige atención prioritaria. Contexto que ha llevado al establecimiento de diversos mecanismos internacionales, con el propósito de fomentar y propiciar la integridad pública, la rendición de cuentas, la transparencia, la cooperación y la asistencia técnica internacional.

Algunos ejemplos de convenios internacionales en materia de combate a la corrupción suscritos por México son: la Convención de las Naciones Unidas Contra la Corrupción, la Convención Anti-Cohecho y la Convención Interamericana Contra la Corrupción.

De dichos mecanismos sobresale que, tanto la Convención de las Naciones Unidas Contra la Corrupción como la Convención Interamericana Contra la Corrupción, prevén como

---

[2] Índice consultado el 21 de febrero de 2024 en el sitio de Transparencia Internacional disponible en: https://www.transparency.org/en/cpi/2022/index/mex

herramienta anticorrupción la existencia de algún tipo de declaración que muestre el patrimonio, las relaciones personales, los activos, los pasivos, los regalos o bien elementos que puedan dar lugar a identificar un posible conflicto de intereses o enriquecimiento ilícito referente al quehacer de las atribuciones y actividades de los funcionarios públicos.

Específicamente, la Convención Interamericana Contra la Corrupción establece dentro del Artículo III "Medidas Preventivas" que, para los fines expuestos en el Artículo II (llamado Propósitos), los Estados Parte conciertan en considerar la aplicabilidad de medidas dentro de sus propios sistemas institucionales destinadas a crear, mantener y fortalecer diversos rubros y acciones. Enunciando entre ellas a la existencia de *"Sistemas para la declaración de los ingresos, activos y pasivos por parte de las personas que desempeñan funciones públicas en los cargos que establezca la ley y para la publicación de tales declaraciones cuando corresponda"*. (Secretaría de Relaciones Exteriores, 1996)

Por su parte, la Convención de las Naciones Unidas Contra la Corrupción establece en el artículo 8, numeral 5 que *"cada Estado Parte procurará, cuando proceda y de conformidad con los principios fundamentales de su derecho interno, establecer medidas y sistemas para exigir a los funcionarios públicos que hagan declaraciones a las autoridades competentes en relación, entre otras cosas, con sus actividades externas y con empleos, inversiones, activos y regalos o beneficios importantes que puedan dar lugar a un conflicto de intereses respecto de sus atribuciones como funcionarios públicos"* y en el artículo 9, numeral 1, inciso e) que *"cuando proceda, la adopción de medidas para reglamentar las cuestiones relativas al personal encargado de la contratación pública, en particular declaraciones de interés respecto de determinadas contrataciones públicas, procedimientos de preselección y requisitos de capacitación."* (Secretaría de Relaciones Exteriores, 2003)

Ahora bien, resalta que en México existen algunos otros antecedentes referentes a la obligación de declarar el patrimonio de quienes ejercían algún tipo de trabajo gubernamental, los cuales datan de la época colonial, siendo establecidos como mecanismos de control y anticorrupción.

Lo anterior, al existir remotos antecedentes de que los implicados en el manejo de recursos de la realeza tenían que efectuar una especie de declaración patrimonial. Contemplando para ello a los oficiales reales (contador, tesorero, factor y veedor) quienes tenían la obligación de declarar sus bienes antes de iniciar sus funciones, según inventarios que debían depositar en una "Caja de las Tres Llaves[3]". (Lanz Cárdenas, 1993)

En la actualidad, la Constitución Política de los Estados Unidos Mexicanos establece en el artículo 108 que los servidores públicos a que se refiere dicho artículo están obligados a presentar, bajo protesta de decir verdad, su declaración patrimonial y de intereses ante las autoridades competentes y en los términos que determine la ley (Ley General de Responsabilidades Administrativas). (Cámara de Diputados del H. Congreso de la Unión, 2023)

Nombrando como servidores públicos a los representantes de elección popular, a los miembros del Poder Judicial de la Federación, los funcionarios, empleados y en general a toda persona que desempeñe un empleo, cargo o comisión de cualquier naturaleza en el Congreso de la Unión o en la Administración Pública Federal, así como a los servidores públicos de los organismos a los que la Constitución otorga autonomía, los ejecutivos de las entidades federativas, los diputados a las Legislaturas Locales, los Magistrados de los Tribunales Superiores de Justicia Locales, los miembros de los Consejos de las Judicaturas Locales, los integrantes de los Ayuntamientos y Alcaldías, los miembros de los organismos a los que las Constituciones Locales les otorgan autonomía y los demás servidores públicos locales.

Respecto de la aplicación de dichos mecanismos, el INEGI presenta algunos datos en diversos Censos Nacionales. En primer lugar, el Censo Nacional de Gobierno Federal 2023 en el tabulado de "Control Interno y Anticorrupción" señala que, dentro de los 1,421,682 obligados a presentar algún tipo de declaración de situación patrimonial hubo 37,921 incumplimientos y que, para el caso de la declaración de intereses de 1,328,022 obligados existieron 28,729 incumplimientos. (INEGI, 2024)

---

[3] Sistema de seguridad y control utilizado en la época colonial en el que el acceso a los fondos e información considerada importante era depositado en una caja con 3 cerraduras, en el que las llaves estaban bajo resguardo de 3 responsables cada uno con una llave distinta. La cual únicamente podía ser abierta en presencia de las 3 personas resguardantes y sus respectivas llaves. Más información en: https://buleria.unileon.es/handle/10612/8923

En segundo lugar, el Censo Nacional de Impartición de Justicia Federal 2023 señala que dentro de los 63,102 obligados a presentar algún tipo de declaración de situación patrimonial hubo 8,163 incumplimientos y que, de 59,177 obligados a la declaración de intereses 8,074 incumplieron con ello. (INEGI, 2024)

Finalmente, el Censo Nacional de Gobiernos Estatales 2023 señala que, dentro de los 2,541,017 obligados a presentar algún tipo de declaración de situación patrimonial hubo 275,069 incumplimientos y para el caso de las declaraciones de interés existieron 241,264 incumplimientos de 2,138,501 obligados. (INEGI, 2024)

En suma, en el contexto mexicano la obligación de realizar una declaración patrimonial y de intereses representa uno de los principales mecanismos de prevención y detección de la corrupción. Establecido con la finalidad de tener una herramienta que permita identificar posibles casos de enriquecimiento ilícito, conflicto de interés o cualquier comportamiento que se aleje de los principios que rigen el servicio público en México.

Motivo por el cual, por medio de una revisión de literatura, se abordará el esquema de declaración patrimonial y de intereses que existe en México, al igual que sus principales retos y oportunidades como mecanismo anticorrupción y hacia un futuro más tecnológico y transparente.

Declaraciones Patrimoniales y de Intereses en México: Actualidad

El Esquema General de Rendición de Cuentas y Anticorrupción en México

Si bien es clara la importancia que tiene la prevención, detección y sanción de la corrupción en conjunto con la incógnita de cómo los avances tecnológicos pueden contribuir a dichas labores, resulta prioritario mostrar cómo se estructura actualmente la rendición de cuentas y el combate a la corrupción en el contexto mexicano para posteriormente profundizar en cómo la Ciencia de Datos, Big Data, Inteligencia Artificial y otras tecnologías pueden transformar dicho contexto.

Todo esquema de rendición de cuentas implica tres aspectos básicos que se encuentran estrechamente relacionados entre sí. En primer lugar, debe existir un ambiente "transparente" en el que esté garantizado que la información pública sea abierta, disponible y accesible a toda la ciudadanía (en cumplimiento al derecho humano de acceso a la información pública).

En segundo lugar, también deben existir mecanismos de evaluación y fiscalización para analizar si los servidores públicos que integran a las instituciones gubernamentales actúan con legalidad, honradez, profesionalismo, imparcialidad y eficiencia en el uso de recursos y en el cumplimiento de objetivos. Por último, deben existir mecanismos para aplicar sanciones a todo aquel que abuse de su función o bien, actúe corruptamente.

Al respecto, la Constitución Política de los Estados Unidos Mexicanos establece, en primera instancia, la obligación de que las instituciones y los servidores públicos rindan cuentas en México acorde a las tres dimensiones que ello implica: la información, la evaluación o fiscalización y la sanción.

Para el caso de la dimensión de la información, se destaca que, el acceso a la información pública es un derecho fundamental instaurado en la Declaración Universal de Derechos Humanos (DUDH), siendo a la par una característica esencial de los sistemas democráticos. Específicamente, el acceso a la información se funda en el artículo 19 de la DUDH, el cual estipula lo siguiente:

"Todo individuo tiene derecho a la libertad de opinión y de expresión; este derecho incluye el no ser molestado a causa de sus opiniones, el de investigar y recibir informaciones y opiniones, y el de difundirlas, sin limitación de fronteras, por cualquier medio de expresión."[4]

En México, la Comisión Nacional de Derechos Humanos establece que el Estado debe garantizar el derecho de las personas para acceder a la información pública, afirmando que el acceso a la información constituye una herramienta esencial para hacer realidad el principio de transparencia en la gestión pública y mejorar la calidad de la democracia.[5]

Para ello, en el artículo 6, apartado A, de la Constitución establece que, para el ejercicio del derecho de acceso a la información, la federación y las entidades federativas se regirán por una serie de principios y bases.

De los cuales destaca el establecido en la fracción primera respecto a que toda la información en posesión de cualquier autoridad, entidad, órgano y organismo de los Poderes Ejecutivo, Legislativo y Judicial, órganos autónomos, partidos políticos, fideicomisos y fondos públicos, así como de cualquier persona física, moral o sindicato

---

[4] Naciones Unidas. (10 de diciembre de 1948). La Declaración Universal de los Derechos Humanos. Recuperado el 2023, de Naciones Unidas: https://www.ohchr.org/sites/default/files/UDHR/Documents/UDHR_Translations/spn.pdf

[5] Comisión Nacional de Derechos Humanos. (SF). ¿Cuáles son los Derechos Humanos? Recuperado de Comisión de Derechos Humanos México: https://www.cndh.org.mx/derechos-humanos/cuales-son-los-derechos-humanos

que reciba y ejerza recursos públicos o realice actos de autoridad en el ámbito federal, estatal y municipal, es pública y sólo podrá ser reservada temporalmente por razones de interés público y seguridad nacional, en los términos que fijen las leyes.

Señalando que en todo momento para la interpretación de ese derecho deberá prevalecer el principio de Máxima Publicidad, y que los sujetos obligados deberán documentar todo acto que derive del ejercicio de sus facultades, competencias o funciones.

Sobresale que con ello se plasma el derecho a recibir información pública y la obligación gubernamental de documentar y presentar toda la información necesaria para ello, estando alineado con la primera de las características necesarias en todo esquema de rendición de cuentas, que exista transparencia y acceso a la información pública.

Para la evaluación o fiscalización, la Constitución Política de los Estados Unidos Mexicanos mandata en el artículo 134 que los resultados del ejercicio de los recursos económicos deben ser evaluados por las instancias técnicas que establezcan, respectivamente, la federación y las entidades federativas, con el objeto de propiciar que los recursos económicos se asignen en los respectivos presupuestos.

Estableciendo además la obligatoriedad de que los recursos que se utilicen en el ejercicio gubernamental se deban administrar con eficiencia, eficacia, economía, transparencia y honradez, para lo cual existirán instancias técnicas responsables de la evaluación del uso de dichos recursos.

Con lo anterior se forma la obligación y necesidad de que existan instancias técnicas para analizar si los servidores públicos que integran a las instituciones públicas actúan con legalidad, honradez, profesionalismo, imparcialidad y eficiencia al usar los recursos y en el cumplimiento de metas y objetivos. Estando alineado con la segunda de las características necesarias en todo esquema de rendición de cuentas, referente a que el quehacer gubernamental sea evaluado y fiscalizado.

Por lo que hace a la posibilidad de que existan sanciones aplicables a todo aquel que actúe corruptamente, la Constitución Política de los Estados Unidos Mexicanos en el artículo 109 establece que los servidores públicos y particulares que incurran en responsabilidades frente al Estado pueden ser sancionados por medio del juicio político, la vía penal para los delitos o la vía administrativa sancionadora para las faltas administrativas, según sea el caso. Para lo cual específicamente señala lo siguiente:

I. Se impondrán, mediante juicio político, las sanciones indicadas en el artículo 110 a los servidores públicos señalados en el mismo precepto, cuando en el ejercicio de sus funciones incurran en actos u omisiones que redunden en perjuicio de los intereses públicos fundamentales o de su buen despacho. No procede el juicio político por la mera expresión de ideas.

II. La comisión de delitos por parte de cualquier servidor público o particulares que incurran en hechos de corrupción, será sancionada en los términos de la legislación penal aplicable. Las leyes determinarán los casos y las circunstancias en los que se deba sancionar penalmente por causa de enriquecimiento ilícito a los servidores públicos que, durante el tiempo de su encargo, o por motivos del mismo, por sí o por interpósita persona, aumenten su patrimonio, adquieran bienes o se conduzcan como dueños sobre ellos, cuya procedencia lícita no pudiesen justificar. Las leyes penales sancionarán con el decomiso y con la privación de la propiedad de dichos bienes, además de las otras penas que correspondan;

III. Se aplicarán sanciones administrativas a los servidores públicos por los actos u omisiones que afecten la legalidad, honradez, lealtad, imparcialidad y eficiencia que deban observar en el desempeño de sus empleos, cargos o comisiones. Dichas sanciones consistirán en amonestación, suspensión, destitución e inhabilitación, así como en sanciones económicas, y deberán establecerse de acuerdo con los beneficios económicos que, en su caso, haya obtenido el responsable y con los daños y perjuicios patrimoniales causados por los actos u omisiones. La ley establecerá los procedimientos para la investigación y sanción de dichos actos u omisiones. (Cámara de Diputados del H. Congreso de la Unión, 2023)

En suma, desde el mandato constitucional mexicano se prevé la posibilidad de sancionar tanto a las personas que ejerzan el servicio público como a los particulares que incurran en responsabilidades frente al Estado. Estableciendo para ello el juicio político, la vía penal para los delitos o la vía administrativa sancionadora para las faltas administrativas.

Ahora bien, sobresale que además de lo señalado también existen distintas leyes, instituciones especializadas y sistemas encargados de llevar a cabo y coordinar las labores de las tres dimensiones que implica la rendición de cuentas y el combate de la corrupción (la información, la evaluación o fiscalización y la sanción).

En primer lugar, para la existencia de un ambiente "transparente" en el que esté garantizado que la información pública sea abierta, disponible y accesible a toda la ciudadanía (más allá de la obligación que se establece en tratados internacionales y en la constitución, referente a que la información de prácticamente todas las instituciones públicas o de quien utilicen recursos públicos, tiene que ser abierta y accesible) sobresale que en México se instauró un Órgano Constitucional Autónomo previsto en la fracción VII, del apartado A, del artículo 6 constitucional, con dicha finalidad.

De este modo se establece que la federación debe contar con un organismo autónomo, especializado, imparcial, colegiado, con personalidad jurídica y patrimonio propio, con plena autonomía técnica, de gestión, capacidad para decidir sobre el ejercicio de su presupuesto y determinar su organización interna, responsable de garantizar el cumplimiento del derecho de acceso a la información pública y a la protección de datos personales en posesión de los sujetos obligados en los términos que establezca la ley.

Dicho organismo autónomo se denomina Instituto Nacional de Transparencia, Acceso a la Información y Protección de Datos Personales o INAI por sus siglas. Algunas de las características referentes al quehacer de dicho ente autónomo acorde a la constitución (fracción VII, del apartado A, del artículo 6) son las siguientes:

- *En su funcionamiento se regirá por los principios de certeza, legalidad, independencia, imparcialidad, eficacia, objetividad, profesionalismo, transparencia y máxima publicidad;*

- *Tiene competencia para conocer de los asuntos relacionados con el acceso a la información pública y la protección de datos personales de cualquier autoridad, entidad, órgano u organismo que forme parte de alguno de los Poderes Legislativo, Ejecutivo y Judicial, órganos autónomos, partidos políticos, fideicomisos y fondos públicos, así como de cualquier persona física, moral o sindicatos que reciba y ejerza recursos públicos o realice actos de autoridad en el ámbito federal; con excepción de aquellos asuntos jurisdiccionales que correspondan a la Suprema Corte de Justicia de la Nación, en cuyo caso resolverá un comité integrado por tres ministros*

- *Conocerá de los recursos que interpongan los particulares respecto de las resoluciones de los organismos autónomos especializados de las entidades federativas que determinen la reserva, confidencialidad, inexistencia o negativa de la información, en los términos que establezca la ley;*

- *El organismo garante federal, de oficio o a petición fundada del organismo garante equivalente de las entidades federativas, podrá conocer de los recursos de revisión que por su interés y trascendencia así lo ameriten;*

- *Toda autoridad y servidor público estará obligado a coadyuvar con el organismo garante y sus integrantes para el buen desempeño de sus funciones; y,*

- *El organismo garante coordinará sus acciones con la Auditoría Superior de la Federación, con la entidad especializada en materia de archivos y con el organismo encargado de regular la captación, procesamiento y publicación de la información estadística y geográfica, así como con los organismos garantes de las entidades federativas, con el objeto de fortalecer la rendición de cuentas del Estado Mexicano.*

A lo cual se suma que además del INAI deben existir órganos garates en materia de acceso a la información y protección de datos personales en posesión de los sujetos obligados tanto en las Entidades Federativas como en la Ciudad de México. Según lo establece la fracción VIII, del artículo 116 y la fracción VII, del apartado A, del artículo 122 constitucional.

Lo anterior, sin dejar de lado que para instituir las actividades y alcances de la dimensión de la transparencia existen mandatos legales, instrumentos e instancias de coordinación que establecen y complementan la forma en que debe llevarse a cabo la transparencia y el acceso a la información pública en México.

Algunos ejemplos son la Ley General de Transparencia y Acceso a la Información Pública, la Ley Federal de Transparencia y Acceso a la Información Pública, las 32 Leyes Estatales de Transparencia y Acceso a la Información Pública de las Entidades Federativas, el Programa Nacional de Transparencia y Acceso a la Información (PROTAI), la Política Nacional de Datos Abiertos, la Política de Transparencia, Gobierno Abierto y Datos Personales de la Administración Pública Federal, la Plataforma Nacional de Transparencia y el Sistema Nacional de Transparencia, Acceso a la Información Pública y Protección de Datos Personales, por mencionar algunos.

Específicamente sobresale el Sistema Nacional en materia de transparencia, debido a que mediante dicha instancia se coordina, acuerda, evalúa y da seguimiento a las acciones relativas a la política pública transversal de transparencia y acceso a la información, fortaleciendo con ello la rendición de cuentas del Estado Mexicano. (Cámara de Diputados del H. Congreso de la Unión, 2023)

A dicho Sistema Nacional lo integran el Instituto Nacional de Transparencia, Acceso a la Información y Protección de Datos Personales; la Auditoría Superior de la Federación; el Archivo General de la Nación; el Instituto Nacional de Estadística y Geografía; y los Organismos Garantes de las Entidades Federativas.

En conclusión, por lo que hace a la dimensión de la transparencia y acceso a la información pública, en México concurren mandatos legales, instituciones públicas, instrumentos, plataformas digitales e instancias de coordinación con la finalidad de que exista un ambiente "transparente" en el que esté garantizado que la información pública sea abierta, disponible y accesible.

Ahora bien, para las labores de análisis, evaluación y fiscalización referente a si los servidores públicos que integran a las instituciones gubernamentales actúan con legalidad, honradez, profesionalismo, imparcialidad y eficiencia en el uso de recursos y el cumplimiento de metas y objetivos, sobresale que, al igual que en lo referente a la transparencia y acceso a la información, en México existen diversos mandatos legales, instituciones e instancias de coordinación establecidas y articuladas para dicho fin.

Un primer ejemplo es la Auditoría Superior de la Federación. Instancia que se encuentra establecida en la Constitución Política de los Estados Unidos Mexicanos, específicamente en la sección quinta del título tercero de dicho ordenamiento. Siendo la entidad encargada de fiscalizar directamente los recursos federales, responsable de investigar los actos u omisiones que pudieran implicar alguna irregularidad o conducta ilícita en el ingreso, egreso, manejo, custodia y aplicación de fondos y recursos federales.

Existiendo igualmente entidades de fiscalización superiores locales en los ámbitos estatales de todo el país. Siendo instancias encargadas de fiscalizar los recursos y de investigar los actos u omisiones que pudieran implicar alguna irregularidad o conducta ilícita en el ingreso, egreso, manejo, custodia y aplicación de fondos y recursos en el ámbito local de cada entidad federativa.

Sumado a ello, para la evaluación y fiscalización gubernamental también existen los Órganos Internos de Control, los cuales se encuentran previstos en el artículo 109 de la Constitución Política de los Estados Unidos Mexicanos.

Concretamente su existencia se establece en la fracción tercera, párrafo quinto y sexto del referido artículo. Toda vez que establece que los entes públicos federales tendrán Órganos Internos de Control con las facultades que determine la ley para prevenir, corregir e investigar actos u omisiones que pudieran constituir responsabilidades administrativas; revisar el ingreso, egreso, manejo, custodia y aplicación de recursos públicos federales y participaciones federales; así como presentar las denuncias por hechos u omisiones que pudieran ser constitutivos de delito ante la Fiscalía Especializada en Combate a la Corrupción a que se refiere la Constitución; y que, por su parte, los entes públicos estatales y municipales, así como del Distrito Federal (hoy Ciudad de México) y sus demarcaciones territoriales, contarán con Órganos Internos de Control que tendrán, en su ámbito de competencia local, las atribuciones señaladas.

En correlación con lo anterior, para la vía penal a nivel federal la instancia encargada de investigar es la Fiscalía General de la República, prevista en el apartado A, del artículo 102 constitucional. A la cual le corresponde la persecución, ante los tribunales, de todos los delitos del orden federal. Existiendo igualmente para los ámbitos estatales de todo el país fiscalías especializadas en materia anticorrupción.

En el ámbito federal como ente fiscalizador también existe la Secretaría de la Función Pública, la cual se encuentra prevista en el artículo 26 de la Ley Orgánica de la Administración Pública Federal. Mandato que también establece las funciones de dicha secretaría en el artículo 37. Destacando además que las entidades federativas también cuentan con secretarías o instancias homólogas encargadas del control interno (Órganos Estatales de Control) para el ámbito local.

De esta forma las referidas instancias tienen la finalidad de evaluar e investigar si los servidores públicos que integran a las instituciones gubernamentales actúan con legalidad, honradez, profesionalismo, imparcialidad y eficiencia en el uso de recursos, así como en el cumplimiento de metas y objetivos.

Ahora bien, aunado a lo ya señalado también existen diversos mandatos legales e instrumentos que establecen aspectos referentes a la evaluación, fiscalización e investigación del quehacer gubernamental, sobresaliendo los siguientes:

- Ley General de Responsabilidades Administrativas.
- Ley General del Sistema Nacional Anticorrupción.
- Ley General de Contabilidad Gubernamental.
- 32 leyes estatales de los sistemas estatales anticorrupción.
- 32 leyes estatales de responsabilidades administrativas.
- Ley de Fiscalización y Rendición de Cuentas de la Federación.
- Ley de Disciplina Financiera de las Entidades Federativas y los Municipios.
- Ley Federal de Presupuesto y Responsabilidad Hacendaria y su reglamento.
- Ley Federal de Austeridad Republicana.
- Política Nacional Anticorrupción.
- Programa Nacional de Combate a la Corrupción y a la Impunidad, y de Mejora de la Gestión Pública 2019-2024.
- Plataforma Digital Nacional.

Especialmente sobresale la existencia de mecanismos de coordinación para la evaluación, fiscalización e investigación del quehacer gubernamental como el Sistema Nacional Anticorrupción y el Sistema Nacional de Fiscalización.

El Sistema Nacional Anticorrupción se encuentra fundamentado en el artículo 113 de la Constitución Política de los Estados Unidos Mexicanos. El cual estipula que el Sistema Nacional Anticorrupción es la instancia de coordinación entre las autoridades competentes en la prevención, detección y sanción de responsabilidades administrativas y hechos de corrupción, así como en la fiscalización y control de recursos públicos.

Dicho sistema tiene un Comité Coordinador compuesto por la Auditoría Superior de la Federación, la Fiscalía Especializada en Combate a la Corrupción, la Secretaría del Ejecutivo Federal responsable del control interno (actualmente la Secretaría de la Función Pública), el Tribunal Federal de Justicia Administrativa, el Instituto Nacional de Transparencia, Acceso a la Información y Protección de Datos Personales, el Consejo de la Judicatura Federal y el Comité de Participación Ciudadana.

A nivel estatal se prevé la existencia de sistemas locales anticorrupción, según el artículo 36 de la Ley General del Sistema Nacional Anticorrupción. Los cuales beben contar con una integración y atribuciones semejantes a las que la ley le otorga al Sistema Nacional Anticorrupción.

Por su parte, el Sistema Nacional de Fiscalización acorde a la Ley General del Sistema Nacional Anticorrupción es el conjunto de mecanismos interinstitucionales de coordinación entre los órganos responsables de las tareas de auditoría gubernamental en los distintos órdenes de gobierno, con el objetivo de maximizar la cobertura y el impacto de la fiscalización en todo el país, con base en una visión estratégica, la aplicación de estándares profesionales similares, la creación de capacidades y el intercambio efectivo de información, sin incurrir en duplicidades u omisiones. (Cámara de Diputados del H. Congreso de la Unión, 2021)

Dicho sistema cuenta con un Comité Rector presidido dualmente por los titulares de la Auditoría Superior de la Federación y de la Secretaría de la Función Pública y cuenta con participación de siete miembros rotatorios de entre las entidades de fiscalización superiores locales y los Órganos Estatales de Control, designados por ciclos de dos años por aprobación de la Auditoría Superior de la Federación y la Secretaría de la Función Pública.

En suma, por lo que hace a la dimensión de la evaluación y fiscalización del servicio público, en México existen mandatos legales, instituciones públicas, instrumentos, plataformas digitales e instancias de coordinación con la finalidad de evaluar si los servidores públicos actúan con legalidad, honradez, profesionalismo, imparcialidad y eficiencia en el uso de recursos, así como en el cumplimiento de metas y objetivos.

Finalmente, por lo que hace a la dimensión de la sanción, se reitera que desde el mandato constitucional mexicano se prevé la posibilidad de sancionar tanto a las personas que ejerzan el servicio público como a los particulares que incurran en responsabilidades frente al Estado. Ya sea por medio del juicio político, la vía penal para los delitos o la vía administrativa sancionadora para las faltas administrativas.

En los casos en los que se realice por la vía penal existe el Código Penal Federal. Mandato legal que, según su artículo primero, resulta aplicable en toda la República para los delitos del orden federal. Dicho ordenamiento tiene un apartado específico para los delitos de corrupción llamado "Delitos por Hechos de Corrupción". (Cámara de Diputados del H. Congreso de la Unión, 2023)

La instancia encargada de investigar lo referente a la vía penal es la Fiscalía General de la República, prevista en el apartado A, del artículo 102 constitucional. El cual señala que el ministerio público de la Federación se organizará en una Fiscalía General de la República como órgano público autónomo, dotado de personalidad jurídica y patrimonio propio. La cual debe de contar con al menos, las fiscalías especializadas en materia de delitos electorales y de combate a la corrupción, cuyos titulares serán nombrados y removidos por el Fiscal General de la República.

Ahora bien, para el caso de las sanciones por la vía administrativa se debe sancionar a los servidores públicos por los actos u omisiones que afecten la legalidad, honradez, lealtad, imparcialidad y eficiencia que deban observar en el desempeño de sus empleos, cargos o comisiones.

Destacando que las posibles sanciones consistirán en amonestación, suspensión, destitución e inhabilitación, así como en sanciones económicas, que deberán establecerse de acuerdo con los beneficios económicos que, en su caso, haya obtenido el responsable y con los daños y perjuicios patrimoniales causados por los actos u omisiones.

Específicamente, el artículo 109 refiere que las faltas administrativas graves serán investigadas y substanciadas por la Auditoría Superior de la Federación y los Órganos

Internos de Control, y que serán resueltas por el Tribunal de Justicia Administrativa que resulte competente. Destacando que, para las demás faltas y sanciones administrativas, se establece que serán conocidas y resueltas por los Órganos Internos de Control.

De modo que las instancias referidas tienen la obligación y facultad de sancionar las faltas administrativas catalogadas como no graves y graves, según sea el caso, acorde a lo estipulado en la Ley General de Responsabilidades Administrativas. De lo cual sobresale que los tipos de faltas administrativas (graves y no graves) se encuentran descritas en el Título Tercero de la Ley General de Responsabilidades Administrativas.

Finalmente, como se pudo observar en el contexto mexicano existen diversos mandatos legales, instituciones especializadas, instrumentos, plataformas digitales y sistemas nacionales, creados y operados con la finalidad específica de llevar a cabo y coordinar las tres dimensiones que implica la rendición de cuentas y el combate de la corrupción (la información, la evaluación o fiscalización y la sanción).

Dicho lo anterior y una vez presentado el contexto general de transparencia, fiscalización y rendición de cuentas vigente en México, es fundamental adentrarnos en el esquema actual de las declaraciones patrimoniales y de intereses como herramienta anticorrupción. Comprendiendo que en un país donde la corrupción ha permeado diversas esferas de la vida pública y privada, estas declaraciones representan un pilar fundamental en la prevención y detección de estas conductas. Analizando a detalle cómo se estructuran y operan en la práctica.

Declaraciones Patrimoniales y de Intereses en México: Actualidad

Como se señaló anteriormente, la obligación de que toda aquella persona que ejerza el servicio público en México presente una declaración patrimonial y de intereses se encuentra establecida, en primera instancia, en el artículo 108 constitucional. Destacando que dicho artículo instituye que dicha declaración será presentada ante las autoridades competentes y en los términos que determine la ley.

De esta forma, la ley en la materia es la Ley General de Responsabilidades Administrativas (LGRA), la cual es un mandato de orden público y de observancia general en toda la República Mexicana.

Acerca de la declaración patrimonial y de intereses (en correlación con el artículo 108 constitucional) la LGRA señala en el artículo 32 que todos los servidores públicos se encuentran obligados a presentar las declaraciones de situación patrimonial y de intereses, bajo protesta de decir verdad y ante la Secretaría de la Función Pública en el Poder Ejecutivo Federal y sus homólogos en las entidades federativas o su respectivo órgano interno de control, según sea el caso.

De lo cual sobresale que, acorde a la fracción III del artículo 109 constitucional, todos los entes públicos federales, estatales y municipales deben contar con órganos internos de control facultados para el cumplimiento de la LGRA.[6]

Destaca que la declaración debe ser realizada en 3 momentos específicos según lo refiere el artículo 33 de la LGRA. De forma que en un primer momento se debe realizar la declaración de "inicio" dentro de los sesenta días naturales a la toma de posesión con motivo del ingreso al servicio público por primera vez o por el reingreso al servicio público después de sesenta días naturales de la conclusión del último encargo.

Posteriormente se debe realizar una actualización de la información presentada. Lo cual debe ser realizado durante el mes de mayo de cada año, llamando a esta modalidad como la declaración de modificación.

Por último, toda persona que termine de desempeñar un empleo, cargo o comisión de cualquier naturaleza en el ámbito público, debe presentar una declaración llamada de conclusión, para lo cual cuenta con sesenta días naturales siguientes a la terminación de su empleo, cargo o comisión.

Ahora bien, referente a los criterios, medios de presentación, formatos e información que debe presentarse en las referidas declaraciones, la LGRA establece en el artículo 29 que, el Comité Coordinador del Sistema Nacional Anticorrupción a propuesta del Comité de Participación Ciudadana, es la instancia encargada de emitir los formatos respectivos.

Aclarando que las declaraciones patrimoniales y de intereses deben ser públicas salvo los rubros cuya publicidad pueda afectar la vida privada o los datos personales protegidos por

---

[6] Específicamente la fracción III del artículo 109 constitucional en los párrafos quinto y sexto señala lo siguiente:

Los entes públicos federales tendrán órganos internos de control con las facultades que determine la ley para prevenir, corregir e investigar actos u omisiones que pudieran constituir responsabilidades administrativas; para sancionar aquéllas distintas a las que son competencia del Tribunal Federal de Justicia Administrativa; revisar el ingreso, egreso, manejo, custodia y aplicación de recursos públicos federales y participaciones federales; así como presentar las denuncias por hechos u omisiones que pudieran ser constitutivos de delito ante la Fiscalía Especializada en Combate a la Corrupción a que se refiere esta Constitución.

Los entes públicos estatales y municipales, así como del Distrito Federal y sus demarcaciones territoriales, contarán con órganos internos de control, que tendrán, en su ámbito de competencia local, las atribuciones a que se refiere el párrafo anterior.

la Constitución. De modo que se debe garantizar que los rubros que pudieran afectar los derechos aludidos queden en resguardo de las autoridades competentes.

Al respecto, el 16 de noviembre del 2018 se publicó en el Diario Oficial de la Federación (DOF) el *"Acuerdo por el que el Comité Coordinador del Sistema Nacional Anticorrupción emite el formato de declaraciones: de situación patrimonial y de intereses; y expide las normas e instructivo para su llenado y presentación"*[7] materializando con ello lo señalado en la LGRA.

Posteriormente, el 23 de septiembre del 2019 fueron publicadas en el DOF adecuaciones a los anexos primero y segundo del referido acuerdo mediante el *"Acuerdo por el que se modifican los Anexos Primero y Segundo del Acuerdo por el que el Comité Coordinador del Sistema Nacional Anticorrupción emite el formato de declaraciones: de situación patrimonial y de intereses; y expide las normas e instructivo para su llenado y presentación"*[8] el cual se encuentra vigente al momento del presente análisis.

Acentuando algunos de los principales criterios determinados por el Comité Coordinador, sobresalen los casos en los que se puede omitir la presentación de algún tipo de declaración conforme a lo siguiente:

I. No se presentará declaración inicial:

a) Cuando el servidor público en el mismo Ente Público sea objeto de un cambio de puesto, de nivel, de funciones, de adscripción, tipo de designación o nombramiento.

b) Cuando el servidor público reingrese o sea contratado y no hayan transcurrido más de sesenta días naturales.

c) Cuando el servidor público tenga un cambio de Ente Público dentro del mismo orden de gobierno, y no transcurran más de sesenta días naturales entre la conclusión e inicio del empleo, cargo o comisión, debiendo cumplir con el aviso correspondiente.

d) Cuando el servidor público reingrese al empleo, cargo o comisión con motivo del otorgamiento de una licencia con o sin goce de sueldo, derive de una suspensión en sueldo y/o funciones, o sea resultado de una restitución

---

[7] Acuerdo disponible en la siguiente liga: https://www.dof.gob.mx/nota_detalle.php?codigo=5544152&fecha=16/11/2018#gsc.tab=0
[8] Acuerdo disponible en la siguiente liga: https://www.dof.gob.mx/nota_detalle.php?codigo=5573194&fecha=23/09/2019#gsc.tab=0

de derechos como servidor público mediante resolución ejecutoriada firme, expedida por autoridad competente en el ejercicio de sus funciones.

II. No se presentará declaración de modificación:

a) Cuando durante los primeros cinco meses del año los Servidores Públicos tomen posesión del empleo, cargo o comisión y presenten su declaración patrimonial de inicio en el mismo período.

b) Cuando el servidor público concluya su empleo, cargo o comisión en el mes de mayo y hubiere presentado su declaración de conclusión en el mismo mes.

III. No se presentará declaración de conclusión:

a) Cuando el servidor público en el mismo Ente Público sea objeto de un cambio de puesto, de nivel, de funciones, de adscripción, tipo de designación o nombramiento.

b) Cuando el servidor público, concluya e inicie en Entes Públicos, dentro del mismo orden de gobierno y no hayan transcurrido más de sesenta días naturales.

c) Cuando al servidor público le haya sido otorgada una licencia con o sin goce de sueldo, siempre y cuando no haya sido dado de baja de manera definitiva del Ente Público o derive de una suspensión en sueldo y/o funciones.

Sumado a ello, se determinó la existencia de dos tipos de "versiones" para las declaraciones, una "completa" y otra "simplificada. Lo anterior, toda vez que la norma decimoprimera establece que *"presentarán declaración patrimonial y de intereses en su totalidad, aquellos Servidores Públicos que tengan nivel igual a Jefe de departamento u homólogo y hasta el nivel máximo en cada Ente Público y sus homólogos en las entidades federativas, municipios y alcaldías".*

Señalando en la norma decimosegunda que aquellos Servidores Públicos que tengan nivel menor a jefe de departamento u homólogo en los Entes Públicos y sus homólogos en las entidades federativas, presentarán declaración patrimonial y de intereses conteniendo los siguientes rubros:

1. Datos Generales.
2. Domicilio del Declarante.
3. Datos Curriculares.
4. Datos del empleo, cargo o comisión.
5. Experiencia laboral.
6. Ingresos netos del Declarante.

7. ¿Te desempeñaste como servidor público el año inmediato anterior? (sólo en la declaración de inicio y conclusión).

Respecto de los medios de presentación, el acuerdo en la norma quinta establece que de conformidad con los artículos 34 y 48 de la LGRA las declaraciones deberán ser presentadas a través de medios electrónicos, empleándose la FIEL[9] o usuario y contraseña (lo cual también es mencionado en la norma novena del acuerdo). Señalando que los órganos internos de control y las secretarías[10] establecerán y administrarán los medios magnéticos y electrónicos a través de los cuales se presentarán las declaraciones.

Aunado a que el artículo 34 de la LGRA señala que, en los casos en los que los municipios no cuenten con las tecnologías necesarias para ello, será posible emplear formatos impresos. Estando bajo la responsabilidad del órgano interno de control o secretaría correspondiente verificar que dichos formatos sean digitalizados e incluyan la información que corresponda en el Sistema de Evolución Patrimonial y de Declaraciones de Intereses.

Referente a la información que debe ser presentada, el acuerdo en la norma decimoquinta estipula que las declaraciones deben de contener las siguientes secciones en los formatos:

I. Declaración de Situación Patrimonial.

1. Datos generales.
2. Domicilio del Declarante.
3. Datos curriculares del Declarante.
4. Datos del empleo, cargo o comisión.
5. Experiencia laboral.
6. Datos de la Pareja.

---

[9] Definida en la fracción VI de la norma segunda del anexo segundo del Acuerdo por el que se modifican los Anexos Primero y Segundo del Acuerdo por el que el Comité Coordinador del Sistema Nacional Anticorrupción emite el formato de declaraciones de situación patrimonial y de intereses; y expide las normas e instructivo para su llenado y presentación, como:

Conjunto de datos y caracteres que permiten la identificación del firmante, que ha sido creada por medios electrónicos bajo su exclusivo control, de manera que está vinculada únicamente al mismo y a los datos a los que se refiere, lo que permite que sea detectable cualquier modificación ulterior de éstos, la cual produce los mismos efectos jurídicos que la firma autógrafa.

[10] Definida en la fracción XIII de la norma segunda del anexo segundo del Acuerdo por el que se modifican los Anexos Primero y Segundo del Acuerdo por el que el Comité Coordinador del Sistema Nacional Anticorrupción emite el formato de declaraciones de situación patrimonial y de intereses; y expide las normas e instructivo para su llenado y presentación, como:

La Secretaría de la Función Pública en el Poder Ejecutivo Federal y sus homólogas en las entidades federativas.

7. Datos del dependiente económico.
8. Ingresos netos del Declarante, Pareja y/o dependientes económicos.
9. ¿Te desempeñaste como servidor público el año inmediato anterior? (sólo declaración de inicio y conclusión).
10. Bienes inmuebles.
11. Vehículos.
12. Bienes muebles.
13. Inversiones, cuentas bancarias y otro tipo de valores/activos.
14. Adeudos/pasivos.
15. Préstamo o comodato por terceros.

II. Declaración de intereses.

1. Participación en empresas, sociedades o asociaciones.
2. ¿Participa en alguna de estas instituciones?
3. Apoyos o beneficios públicos.
4. Representación.
5. Clientes principales.
6. Beneficios privados.
7. Fideicomisos.

De los puntos señalados anteriormente, el acuerdo detalla la información que se debe solicitar en cada uno y los campos requeridos para ello. Sumado a que también sugiere que previo a la presentación se puede recabar cierta documentación para facilitar la requisición de las declaraciones. Mencionando en la norma decimocuarta que para facilitar el llenado se puede disponer de documentación como: la Clave Única de Registro de Población (CURP) emitida por la Secretaría de Gobernación, el Registro Federal de Contribuyentes (RFC) emitido por el Servicio de Administración Tributaria (SAT), el acta de matrimonio, un comprobante de domicilio, currículo, recibo de nómina y/o declaración fiscal, escrituras públicas y/o contratos de bienes inmuebles, factura de vehículos y bienes muebles, contratos y estados de cuenta bancarios, contratos y estados de cuenta de gravámenes y adeudos, comprobante de percepción de sueldo o de otro tipo de ingreso, actas constitutivas de sociedades y asociaciones, así como cualquier otro documento que resulte necesario para las declaraciones.

Ahora bien, es importante destacar que en México acorde a la Ley General de Responsabilidades Administrativas (LGRA) y a la Ley General del Sistema Nacional Anticorrupción (LGSNA) debe existir un Sistema Nacional de Evolución Patrimonial y de Intereses establecido dentro de una Plataforma Digital Nacional (PDN).

Específicamente, la fracción XIII del artículo 9 de la LGSNA establece que el Comité Coordinador del Sistema Nacional Anticorrupción tiene la facultad de establecer una Plataforma Digital Nacional que integre y conecte los diversos sistemas electrónicos que posean datos e información necesaria para que las autoridades competentes tengan acceso a ellos.

De esta forma, el 23 de octubre del 2018 se publicó en el DOF el *"Acuerdo mediante el Cual el Comité Coordinador del Sistema Nacional Anticorrupción Emite el Análisis para la Implementación y Operación de la Plataforma Digital Nacional y las Bases para el Funcionamiento de la Plataforma Digital Nacional"*[11]. Con el objeto de establecer las directrices para el funcionamiento de la PDN y los sistemas que la conforman, buscando cumplir con los procedimientos, obligaciones y disposiciones del Sistema Nacional Anticorrupción y las instituciones que lo conforman.

Así, dicha plataforma (acorde al artículo 49 de la LGSNA y al artículo 5 del referido acuerdo) debe contar con, al menos, los siguientes sistemas electrónicos:

I. Sistema de evolución patrimonial, de declaración de intereses y constancia de presentación de declaración fiscal;

II. Sistema de los Servidores públicos que intervengan en procedimientos de contrataciones públicas;

III. Sistema nacional de Servidores públicos y particulares sancionados;

IV. Sistema de información y comunicación del Sistema Nacional y del Sistema Nacional de Fiscalización;

V. Sistema de denuncias públicas de faltas administrativas y hechos de corrupción, y

VI. Sistema de Información Pública de Contrataciones.

Destacando que el objeto del Sistema de Evolución Patrimonial, de Declaración de Intereses y Constancia de Presentación de Declaración Fiscal es permitir la inscripción de los datos públicos de las personas servidoras públicas obligadas a presentar declaración patrimonial y de intereses, así como de garantizar la inscripción de la constancia de la

---

[11] Acuerdo disponible en la siguiente liga: https://www.dof.gob.mx/nota_detalle.php?codigo=5541802&fecha=23/10/2018#gsc.tab=0

declaración anual de impuestos que emita la autoridad fiscal competente, para que las autoridades competentes tengan acceso a ellos.

Para el 2019, el Comité Coordinador del Sistema Nacional Anticorrupción determinó que, los formatos de declaración de situación patrimonial y de intereses publicados en el DOF el 23 de septiembre de 2019 serían operables con el Sistema de Evolución Patrimonial, de Declaración de Intereses y Constancia de Presentación de Declaración Fiscal para en el ámbito federal a partir del 1 de enero de 2020 y para el ámbito estatal y municipal a partir del 1 de mayo de 2021.

Lo anterior mediante el *"Acuerdo por el que el Comité Coordinador del Sistema Nacional Anticorrupción da a conocer que los Formatos de Declaración de Situación Patrimonial y de Intereses son Técnicamente Operables con el Sistema de Evolución Patrimonial y de Declaración de Intereses de la Plataforma Digital Nacional, así como el Inicio de la Obligación de los Servidores Públicos de Presentar sus Respectivas Declaraciones de Situación Patrimonial y de Intereses Conforme a los Artículos 32 y 33 de la Ley General de Responsabilidades Administrativas"*[12] publicado en el DOF el 24 de diciembre de 2019.

Posteriormente, el 27 de febrero de 2024 fueron publicados en el DOF los *"Lineamientos para la Incorporación de la Información al Sistema de Evolución Patrimonial, de Declaración de Intereses y Constancia de Presentación de Declaración Fiscal de la Plataforma Digital Nacional, Previsto en el artículo 49, fracción I de la Ley General del Sistema Nacional Anticorrupción"*[13].

Generados con el objeto de establecer la participación de las Secretarías Ejecutivas de los Sistemas Locales Anticorrupción y el procedimiento a seguir por parte de los Entes Públicos de todos los órdenes de gobierno, para la incorporación de la información en el Sistema de Evolución Patrimonial, de Declaración de Intereses y Constancia de Presentación de Declaración Fiscal de la Plataforma Digital Nacional. Siendo de

---

[12] Acuerdo disponible en la siguiente liga: https://www.dof.gob.mx/nota_detalle.php?codigo=5582735&fecha=24/12/2019#gsc.tab=0

[13] Acuerdo disponible en la siguiente liga: https://www.dof.gob.mx/nota_detalle.php?codigo=5718117&fecha=27/02/2024#gsc.tab=0

observancia obligatoria y aplicación general para todos los proveedores, concentradores[14] y encargados[15] de información a nivel federal, estatal y municipal.

Estableciendo en el artículo 4 que la incorporación de las versiones públicas de las declaraciones de situación patrimonial y de intereses al Sistema de Evolución Patrimonial, de Declaración de Intereses y Constancia de Presentación de Declaración Fiscal, se debe realizar conforme al procedimiento siguiente:

> *I. Las personas servidoras públicas presentarán, en los plazos previstos en la Ley General de Responsabilidades Administrativas, su declaración de inicio, de modificación o de conclusión, según sea el caso, ante las Secretarías o los Órganos internos de control, utilizando los Sistemas informáticos que se determinen para tal efecto; dicha declaración deberá realizarse en los formatos aprobados por el Comité Coordinador del Sistema Nacional Anticorrupción.*
>
> *En el caso de los municipios que no cuenten con los Sistemas informáticos para cumplir con lo anterior, se podrán emplear los formatos impresos, en cuyo caso, será responsabilidad de las Secretarías y de los Órganos internos de control verificar que dichos formatos sean digitalizados e incluir la información que corresponda en el S1, en términos del artículo 34 de la Ley General de Responsabilidades Administrativas.*
>
> *II. Presentadas las declaraciones de inicio, modificación o de conclusión, los Órganos internos de control y las Secretarías que administran los Sistemas informáticos en los que las personas servidoras públicas presentan su declaración, conformarán una base de datos independiente al citado sistema, para el resguardo y almacenamiento de la información pública de las declaraciones patrimoniales y de intereses.*

---

[14] Definido en la fracción III del artículo 3 de los *Lineamientos para la Incorporación de la Información al Sistema de Evolución Patrimonial, de Declaración de Intereses y Constancia de Presentación de Declaración Fiscal de la Plataforma Digital Nacional*, como:

Toda persona o Ente público que recibe, ordena o resguarda datos e información de las Declaraciones Patrimoniales y de Intereses en los conjuntos de datos para su integración al Sistema de evolución patrimonial, de declaración de intereses y constancia de presentación de declaración fiscal de la Plataforma Digital Nacional.

[15] Definido en la fracción IV del artículo 3 de los *Lineamientos para la Incorporación de la Información al Sistema de Evolución Patrimonial, de Declaración de Intereses y Constancia de Presentación de Declaración Fiscal de la Plataforma Digital Nacional*, como:

Toda persona o Ente público que recibe, ordena o resguarda datos e información de las Declaraciones Patrimoniales y de Intereses en los subsistemas para su integración a los sistemas de la Plataforma Digital Nacional.

III. Los Concentradores y los Encargados de los Sistemas informáticos, designarán a una persona que fungirá como enlace, quien se encargará de dar seguimiento a las Especificaciones Técnicas.

IV. El proceso de incorporación de las declaraciones de situación patrimonial y de intereses de las personas servidoras públicas en el ámbito local y municipal se realizará directamente con la Secretaría Ejecutiva del Sistema Estatal Anticorrupción que corresponda, para posteriormente conectarse con la PDN, salvo aquellos casos en que la operatividad de los Sistemas Estatales Anticorrupción no permita la adecuada integración.

La incorporación de la información de las declaraciones de las personas servidoras públicas, en el ámbito federal, se realizará directamente con la SESNA.

Ambos procesos se ejecutarán conforme a lo señalado en el Protocolo de conexión[16].

En suma, con la PDN y los sistemas que la conforman (como el Sistema de Evolución Patrimonial, de Declaración de Intereses y Constancia de Presentación de Declaración Fiscal) se busca establecer un instrumento tecnológico y estratégico en el que los datos que contiene sean comparables, accesibles y sobre todo aprovechables por las autoridades anticorrupción en todo el país, permitiéndoles tomar acciones y decisiones basadas en evidencia a partir de grandes cantidades de datos.

Ahora bien, otros temas a destacar son la seguridad, transparencia y protección de datos personales en el manejo y publicación de la información contenida en las declaraciones patrimoniales y de intereses.

Referente a ello, en primera instancia la LGRA (artículo 29) establece que las declaraciones patrimoniales y de intereses deben ser públicas salvo los rubros cuya publicidad pueda afectar la vida privada o los datos personales protegidos por la Constitución. De forma que, en la emisión de los formatos para la declaración, se debe garantizar que los rubros que pudieran afectar los derechos aludidos queden en resguardo de las autoridades competentes.

---

[16] Según la fracción XIII del artículo 3 de los Lineamientos para la Incorporación de la Información al Sistema de Evolución Patrimonial, de Declaración de Intereses y Constancia de Presentación de Declaración Fiscal de la Plataforma Digital Nacional, el Protocolo se encuentra disponible en la siguiente liga: https://www.plataformadigitalnacional.org/protocolo-de-conexion

Lo cual es reiterado en el artículo 34 de la LGRA, toda vez que señala que los servidores públicos competentes para recabar las declaraciones patrimoniales deberán resguardar la información a la que accedan observando lo dispuesto en la legislación en materia de transparencia, acceso a la información pública y protección de datos personales.

Bajo dicho entendido, los *Lineamientos para la Incorporación de la Información al Sistema de Evolución Patrimonial, de Declaración de Intereses y Constancia de Presentación de Declaración Fiscal de la Plataforma Digital Nacional* en las fracciones II y III del artículo 5 mencionan que los Concentradores y Encargados tienen la obligación de implementar criterios y mecanismos de seguridad de la información[17] de conformidad con la normatividad aplicable, así como garantizar la protección de los datos personales de conformidad con las disposiciones que resulten aplicables en dicha materia.

Destacando también que la norma Decimonovena de las *Normas e Instructivo para el Llenado y Presentación del Formato de Declaraciones: de Situación Patrimonial y de Intereses*[18] establece que toda la información contenida en las declaraciones será visible a través del Sistema de Evolución Patrimonial, de Declaración de Intereses y Constancia de Presentación de Declaración Fiscal, con algunas salvedades que son detalladas a lo largo de la citada norma decimonovena respecto de la información que no es susceptible de publicidad y que debe ser considerará como información clasificada.

Señalando además que, en el caso de menores de edad, se deberá privilegiar el interés superior de la niña, el niño y el adolescente, en términos de las disposiciones legales aplicables; de forma que sus datos personales no serán susceptibles de publicidad.

Finalmente, a todo ello se adiciona que la norma vigésima también señala que los Comités de Transparencia o equivalente de cada Ente Público, son los responsables de clasificar la

---

[17] Definida en los *Lineamientos para la Incorporación de la Información al Sistema de Evolución Patrimonial, de Declaración de Intereses y Constancia de Presentación de Declaración Fiscal de la Plataforma Digital Nacional*, en la fracción XVI del artículo 3 como:

La capacidad de preservar la confidencialidad, integridad y disponibilidad de la información, así como la autenticidad, confiabilidad, trazabilidad y no repudio de la misma.

[18] Publicadas en el Anexo Segundo del *ACUERDO por el que se modifican los Anexos Primero y Segundo del Acuerdo por el que el Comité Coordinador del Sistema Nacional Anticorrupción emite el formato de declaraciones: de situación patrimonial y de intereses; y expide las normas e instructivo para su llenado y presentación.*

información de las declaraciones como reservada, cuando su publicidad ponga en riesgo la vida, seguridad o salud de una persona, en términos de lo que establezca la normatividad en materia de acceso a la información y transparencia aplicable.

Situación que es reiterada en los *Lineamientos para la Incorporación de la Información al Sistema de Evolución Patrimonial, de Declaración de Intereses y Constancia de Presentación de Declaración Fiscal de la Plataforma Digital Nacional* que mencionan en el artículo 8 que la información prevista en el Sistema de Evolución Patrimonial, de Declaración de Intereses y Constancia de Presentación de Declaración Fiscal se publicará, almacenará y resguardará en la PDN, misma que estará sujeta a lo establecido en la Ley General de Archivos, la Ley General de Transparencia y Acceso a la Información Pública, Ley General de Protección de Datos Personales en Posesión de los Sujetos Obligados y demás disposiciones aplicables.

Complementando así lo relacionado con la seguridad, transparencia y protección de datos personales en el manejo y publicación de la información contenida en las declaraciones patrimoniales y de intereses.

En síntesis, todo lo presentado hasta el momento aborda el esquema de las declaraciones patrimoniales y de intereses existente en México. El cual ha sido establecido con la finalidad de generar una herramienta estratégica que permita identificar cualquier posible conflicto de interés o hecho de corrupción, por medio de datos comparables y accesibles, con apego a estándares de seguridad, transparencia y protección de datos personales.

Sin embargo, es importante mencionar que este proceso tiene limitaciones significativas, ya que depende en gran parte de la información proporcionada por los funcionarios "bajo protesta de decir verdad"[19], lo cual puede resultar en declaraciones inexactas, incompletas o inclusive falsas; existiendo igualmente limitaciones y retos tecnológicos en el establecimiento de sistemas electrónicos para la presentación de las declaraciones y su interconexión con la PDN.

---

[19] El último párrafo del artículo 108 la de Constitución Política de los Estados Unidos Mexicanos establece lo siguiente:

"Los servidores públicos a que se refiere el presente artículo estarán obligados a presentar, bajo protesta de decir verdad, su declaración patrimonial y de intereses ante las autoridades competentes y en los términos que determine la ley."

Aunado a que el proceso de verificación y auditoría de las declaraciones como método anticorrupción puede ser costoso, lento, poco representativo o sujeto a errores. De forma que la implementación de nuevas tecnologías tanto para la presentación de las declaraciones como para su análisis exhibe una serie de retos y oportunidades, lo cual será analizado en el siguiente apartado.

Declaraciones Patrimoniales y de Intereses en México: Futuro

Bases Conceptuales de la Ciencia de Datos, Big Data e Inteligencia Artificial

El desarrollo tecnológico ha desempeñado un papel fundamental en la evolución, mejora continua e innovación de prácticamente todos los sectores de la sociedad, tanto públicos como privados. En particular, las Tecnologías de la Información y Comunicación (TIC) han experimentado avances disruptivos y exponenciales en los últimos años, dando lugar a una era en la que la generación, recopilación y análisis de datos masivos se ha convertido en un recurso estratégico de inestimable valor. Llevando a la creación de herramientas tecnológicas que permiten generar, recopilar, almacenar, pero sobre todo aprovechar toda la información captada y disponible.

En este contexto de desarrollo tecnológico surgen tres conceptos esenciales: la Ciencia de Datos, el Big Data y la Inteligencia Artificial (IA). Los cuales no solo representan campos de estudio y práctica en constante evolución, sino que también representan un cambio de paradigma en la forma en que se aborda la información y su utilización para la toma de decisiones.

Así pues, resulta necesario adentrarse en primera instancia en estos aspectos conceptuales, explorando su significado, para posteriormente comprender su potencial impacto en el ámbito de la fiscalización y el combate a la corrupción en el servicio público en México.

Por lo que hace al término Ciencia de Datos, la definición que presenta IBM (empresa líder en tecnología de la información) es que dicho concepto implica una sinergia entre diversos campos como la matemática, la estadística, la programación especializada, la analítica avanzada, la inteligencia artificial y el machine learning. Teniendo como objetivo principal descubrir "insights" o aspectos ocultos y relevantes en los datos. Permitiendo una comprensión más profunda de los fenómenos que se analizan, sirviendo además como guía para la toma de decisiones y la planificación estratégica en diversos ámbitos. (IBM, 2023)

De esta forma, el ciclo de la Ciencia de Datos involucra varios roles, herramientas y procesos que permiten a los analistas obtener información relevante por medio de una estructura sistemática para guiar el proceso de análisis de datos y aprovechar al máximo su potencial. Siendo las principales etapas, por lo general, las siguientes:

> ***Ingestión de datos****: el ciclo de vida comienza con la recopilación de datos, tanto datos estructurados sin procesar como datos no estructurados, de todas las fuentes relevantes y mediante diversos métodos. Estos métodos pueden incluir la entrada manual, el "web scraping" y la transmisión de datos en tiempo real desde sistemas y dispositivos. Las fuentes de datos pueden incluir datos estructurados, como datos de clientes, junto con datos no estructurados como archivos de registro, video, audio, imágenes, Internet de las cosas, redes sociales y más.*

> ***Almacenamiento y procesamiento de datos****: dado que los datos pueden tener diferentes formatos y estructuras, se deben considerar diferentes sistemas de almacenamiento según el tipo de datos que necesitan capturar. Los equipos de gestión de datos ayudan a establecer estándares en torno al almacenamiento y la estructura de datos, lo que facilita los flujos de trabajo en torno a modelos de análisis, machine learning y deep learning.*

> *Esta etapa incluye limpieza de datos, deduplicación, transformación y combinación de datos mediante trabajos ETL (extraer, transformar, cargar) u otras tecnologías de integración de datos. Esta preparación de datos es esencial para promover la calidad de los datos antes de cargarlos en un almacén de datos, "data lake" u otro repositorio.*

> ***Análisis de los datos****: aquí, los científicos de datos realizan un análisis exploratorio de datos para examinar sesgos, patrones, rangos y distribuciones de valores dentro de los datos. Esta exploración de análisis de datos impulsa la generación de hipótesis para las pruebas y también permite a los analistas determinar la relevancia de los datos para su uso*

dentro de los esfuerzos de modelado para análisis predictivo, machine learning y/o deep learning.

Comunicación: *por último, los "insights" se presentan en forma de informes y otras visualizaciones de datos que facilitan su comprensión (y la de su repercusión) a los analistas y otros responsables de tomar decisiones.* (IBM, 2023)

Por su parte, la compañía Amazon, a través de su plataforma web "Amazon Web Services" (AWS) señala la importancia de la Ciencia de Datos al afirmar que ésta disciplina combina diversas herramientas, métodos y tecnologías para extraer significado de los datos. Lo cual es especialmente relevante dado el crecimiento exponencial de datos generados en las organizaciones modernas, impulsado principalmente por la proliferación de dispositivos tecnológicos capaces de recopilar y almacenar información de forma automática. Teniendo como resultado la generación de grandes volúmenes de datos en formatos como texto, audio, video e imágenes, que presentan oportunidades para su aprovechamiento. (Amazon Web Services, SF)

Además, la empresa mencionada destaca que la Ciencia de Datos es un enfoque multidisciplinario que capacita a los científicos de datos para plantear y responder preguntas clave como "qué ocurrió", "por qué ocurrió", "qué ocurrirá" y "qué acciones pueden derivarse de los resultados". Esto implica que la Ciencia de Datos puede emplearse para analizar los datos de cuatro maneras fundamentales:

Análisis descriptivo

El análisis descriptivo examina los datos para obtener información sobre lo que ha ocurrido u ocurre en el entorno de datos. Se caracteriza por las visualizaciones de datos, como los gráficos circulares, de barras o líneas, las tablas o las narraciones generadas.

Por ejemplo, un servicio de reserva de vuelos registra datos como el número de billetes reservados cada día. El análisis descriptivo revelará los picos y las caídas de las reservas, así como los meses de alto rendimiento del servicio.

Análisis de diagnóstico

El análisis de diagnóstico es un examen profundo o detallado de datos para entender por qué ha ocurrido algo. Se caracteriza por técnicas como el análisis detallado, el descubrimiento y la minería de datos o las correlaciones. Se pueden llevar a cabo varias operaciones y transformaciones de datos en un determinado conjunto con el fin de descubrir patrones únicos en cada una de estas técnicas.

Por ejemplo, el servicio de vuelos podría hacer el análisis detallado de un mes con un rendimiento particularmente alto para entender mejor el pico de reservas. Esto puede revelar que muchos clientes visitan una determinada ciudad para asistir a un evento deportivo mensual.

Análisis predictivo

El análisis predictivo utiliza los datos históricos para hacer previsiones precisas sobre los patrones de datos que pueden producirse en el futuro. Se caracteriza por técnicas como el machine learning, la previsión, la coincidencia de patrones y el modelado predictivo. En cada una de estas técnicas, se entrena a las computadoras para aplicar ingeniería inversa a las conexiones de causalidad en los datos.

Por ejemplo, el equipo de servicios de vuelo podría utilizar la Ciencia de Datos para predecir los patrones de reserva de vuelos del año siguiente al inicio de cada año. El programa o algoritmo de la computadora pueden examinar datos anteriores y predecir picos de reservas de determinados destinos en mayo. Al anticiparse a las futuras necesidades de viaje de los clientes, la empresa podría empezar desde febrero a hacer publicidad específica para esas ciudades.

Análisis prescriptivo

El análisis prescriptivo lleva los datos predictivos al siguiente nivel. No solo predice lo que es probable que ocurra, sino que sugiere una respuesta óptima para ese resultado. Puede analizar las posibles implicaciones de las diferentes alternativas y recomendar el mejor curso de acción. Utiliza el análisis de gráficos, la simulación, el procesamiento de eventos complejos, las redes neuronales y los motores de recomendación del machine learning.

De vuelta al ejemplo de la reserva de vuelos, el análisis prescriptivo podría examinar las campañas de marketing históricas para maximizar la ventaja del próximo pico de reservas. Un científico de datos podría proyectar los resultados de las reservas de diferentes niveles de gasto en varios canales de marketing. Estas previsiones de datos dan a la empresa de reserva de vuelos una mayor confianza en sus decisiones de marketing. (Amazon Web Services, SF)

Ahora bien, por lo que hace al término Big Data en el artículo "La era del Big Data y open data en la administración pública" de la revista Eurolatinoamericana de Derecho Administrativo se define al término Big Data como el conjunto de tecnologías diseñadas para procesar grandes volúmenes de datos provenientes de diversas fuentes, con el fin de transformarlos en información útil que aporte valor.

Se destaca que entre las características principales del Big Data se encuentra, como su nombre sugiere, la capacidad de manejar grandes volúmenes de datos, lo que se conoce como su característica de volumen. Aunado a que estos datos masivos pueden provenir de muchas y diversas fuentes, siendo la variedad otra de sus características.

Asimismo, se resalta que estos datos se generan de manera constante y a gran velocidad, lo que hace imposible su tratamiento o análisis mediante métodos tradicionales, siendo esto lo que se conoce como la característica de velocidad. Además, se subraya la importancia de que estos datos, independientemente de su cantidad y velocidad, generen valor. Enfatizando finalmente la relevancia de la veracidad de los datos para asegurar que su aprovechamiento realmente propicie resultados útiles y confiables. (Castillo Aucancela, 2021)

En este punto es crucial destacar la distinción entre ambos términos, ya que, aunque comparten similitudes y están estrechamente interrelacionados, cada uno aborda aspectos diferentes en la gestión y análisis de datos. En primer lugar, el concepto de Big Data se centra en la recopilación y almacenamiento de grandes volúmenes de datos, mientras que la Ciencia de Datos se enfoca en el análisis y aprovechamiento de datos para identificar patrones y generar información que facilite la toma de decisiones, ya sea con conjuntos de datos masivos o de menor tamaño.

En síntesis, ambos términos son complementarios, ya que Big Data se encuentra dentro del ámbito de lo que se conoce como Ciencia de Datos, que abarca una gama más amplia de técnicas y enfoques para el análisis y la interpretación de datos.

Bajo dicho entendido, según el artículo "Ciencia de Datos y estudios globales: aportaciones y desafíos metodológicos", la Ciencia de Datos se divide principalmente en tres áreas. La primera es el Big Data, que como ya se señaló, se utiliza para el procesamiento de grandes volúmenes de datos. La segunda es la minería de datos, que busca descubrir patrones incluso cuando estos no hayan sido previamente concebidos. Por último, la visualización de datos, que tiene como objetivo hacer que la información sea comprensible de forma clara y promover su difusión y aprovechamiento. (Lemus Delgado & Pérez Navarro, 2020)

El término "Inteligencia Artificial" (IA) hace referencia a la capacidad de las máquinas para emplear algoritmos, aprender de los datos y aplicar ese aprendizaje en la toma de decisiones de manera automática. Algunas de las aplicaciones técnicas de la IA incluyen:

- *Reconocimiento de imágenes estáticas, clasificación y etiquetado.*
- *Mejoras del desempeño de la estrategia algorítmica comercial.*
- *Procesamiento eficiente y escalable de datos de pacientes, ayuda a que la atención médica sea más efectiva y eficiente.*
- *Mantenimiento predictivo.*
- *Detección y clasificación de objetos. Puede verse en la industria de vehículos autónomos, aunque también tiene potencial para muchos otros campos.*
- *Distribución de contenido en las redes sociales. Se trata principalmente de una herramienta de marketing utilizada en las redes sociales, pero también puede usarse para crear conciencia entre las organizaciones sin ánimo de lucro o para difundir información rápidamente como servicio público.*
- *Protección contra amenazas de seguridad cibernética. Es una herramienta importante para los bancos y los sistemas que envían y reciben pagos en línea.* (Petteri Rouhiainen, 2018)

Sobresale que el aprendizaje automático o en inglés "machine learning", es uno de los enfoques principales de la Inteligencia Artificial. En resumen, se refiere a una faceta de la informática en la que los ordenadores o las máquinas adquieren la capacidad de aprender. Siendo las sugerencias o predicciones generadas en situaciones específicas, un resultado habitual de este proceso. (Petteri Rouhiainen, 2018)

Así, el propósito de la IA es desarrollar sistemas de autoaprendizaje que puedan extraer significado de los datos. De esta manera, la IA puede utilizar ese conocimiento para abordar nuevos problemas de manera similar a como lo haría un ser humano. Por ejemplo, la tecnología de IA puede ofrecer respuestas significativas en conversaciones humanas, generar imágenes o textos originales, así como tomar decisiones basadas en la entrada de datos en tiempo real. Lo cual resulta útil para optimizar los procesos empresariales, mejorar las experiencias de los clientes y acelerar la innovación. (Amazon Web Services, SF)

En resumen, la Ciencia de Datos, el Big Data y la Inteligencia Artificial son conceptos y herramientas que han surgido en el ámbito de las Tecnologías de la Información y Comunicación (TIC). Estas disciplinas trabajan en conjunto para generar, recopilar, almacenar y, sobre todo, aprovechar la mayor cantidad posible de información. Teniendo como objetivo principal fomentar y agilizar la mejora continua, fortalecer la toma de decisiones, la innovación y el uso eficiente de los recursos en diversos ámbitos. Lo cual puede potenciar las actividades de fiscalización y combate a la corrupción en el servicio público en México.

Uso de Tecnologías y la Política Nacional Anticorrupción

En México, como parte de los esfuerzos y estrategias en contra de la corrupción, se ha implementado una política pública específica conocida como la Política Nacional Anticorrupción. Desarrollada con el objetivo de garantizar un control efectivo sobre las diversas formas de corrupción en todos los niveles de gobierno.

Dicha política se encuentra articulada en torno a cuatro ejes: *Eje 1 Combatir la corrupción y la impunidad;* *Eje 2 Combatir la arbitrariedad y el abuso de poder;* *Eje 3 Promover la mejora de la gestión pública y de los puntos de contacto gobierno – sociedad;* y *Eje 4 Involucrar a la sociedad y el sector privado.*

Destaca que la referida política cuenta con una serie de prioridades, acciones y estrategias correlacionadas entre sí. Dentro de las cuales se prevé el uso especifico de avances tecnológicos o bien, acciones o estrategias en los que su uso puede potenciar enormemente los resultados. Al respecto se destacan las siguientes:

> ***Prioridad 3.*** *Incorporar sistemas de inteligencia estandarizados e interoperables en los entes públicos orientados a la prevención, detección, investigación y susbtanciación de faltas administrativas y delitos por hechos de corrupción, derivados de la implementación de la Plataforma Digital Nacional.*

Prioridad 19. *Impulsar la coordinación entre los integrantes del Sistema Nacional de Fiscalización para la homologación y simplificación de normas, procesos y métodos de control interno, auditoría y fiscalización; así como la colaboración con otras instancias públicas que facilite el intercambio de información para maximizar y potencializar los alcances y efectos de la fiscalización y de los procedimientos de investigación y sanción de faltas administrativas y hechos de corrupción.*

Prioridad 20. *Impulsar el desarrollo y utilización de metodologías de análisis de datos masivos e Inteligencia Artificial relacionadas con la identificación de riesgos, la evaluación, la mejora de la gestión, la auditoría y la fiscalización estratégicas de programas, procesos, actividades y funciones en el sector público.*

Prioridad 22. *Fortalecer mecanismos de evaluación de los programas presupuestarios con enfoques de derechos humanos y gestión de riesgos de corrupción.*

Prioridad 25. *Crear observatorios y laboratorios de innovación social para la gestión de riesgos de corrupción en los puntos de contacto gobierno sociedad, así como para la vigilancia en compras y adquisiciones públicas.*

Prioridad 29. *Desarrollar e implementar un sistema único de información sobre compras y adquisiciones públicas, que incluya un padrón nacional de proveedores de gobierno y un sistema nacional homologado de contrataciones públicas, vinculados a la Plataforma Digital Nacional.*

Prioridad 30. *Promover la creación y adopción de criterios y estándares unificados en las compras, contrataciones y adquisiciones públicas, que acoten espacios de arbitrariedad, y mejoren su transparencia y fiscalización.* (Secretaría Ejecutiva del Sistema Nacional Anticorrupción, 2020)

En síntesis, la implementación de la Política Nacional Anticorrupción en México refleja un compromiso para combatir la corrupción en todas sus formas y en todos los niveles gubernamentales. Teniendo como aspecto destacado la incorporación y el fomento de nuevas tecnologías como elemento para potenciar las actividades de fiscalización, rendición de cuentas y combate a la corrupción en el servicio público en el país. Lo cual será presentado en el siguiente apartado.

Nuevas Tecnologías Para el Análisis Patrimonial y de Intereses

Hasta este punto se han abordado tanto el esquema actual de la declaración patrimonial y de intereses que existe en México, como los avances tecnológicos que son la Ciencia de Datos, el Big Data y la Inteligencia Artificial, resaltando sus beneficios en la gestión y aprovechamiento de una gran cantidad de datos. Lo anterior, aunado a que la incorporación y el fomento de nuevas tecnologías es un elemento previsto en la Política Nacional Anticorrupción para potenciar las actividades de fiscalización, rendición de cuentas y combate a la corrupción.

Así pues, en el presente apartado se explorará cómo la Ciencia de Datos, el Big Data, la Inteligencia Artificial y algunas otras tecnologías pueden incidir positivamente en el manejo y empleo de la información patrimonial y de intereses de los servidores públicos en México, con la finalidad de mejorar la prevención y detección de posibles conflictos de interés y actos de corrupción.

Una primera deducción resulta sencilla de presentar, ya que, como se pudo observar, la Ciencia de Datos, el Big Data y la Inteligencia Artificial se perfilan como tecnologías que pueden tener un efecto positivo en el manejo de las declaraciones patrimoniales y de intereses de los servidores públicos mexicanos al ofrecer capacidades sin precedentes para almacenar, gestionar y sobre todo analizar grandes volúmenes de información de manera eficiente y efectiva. Sin embargo, es importante ahondar un poco más en ello.

Un primer caso de la posible implementación práctica de estas tecnologías es el uso de herramientas de Procesamiento del Lenguaje Natural (NLP por sus siglas en inglés) para ordenar, analizar y comprender el contenido de las declaraciones patrimoniales. El NLP es una rama de la computación que involucra lingüística aplicada, informática e Inteligencia Artificial, la cual se centra en la interacción entre las computadoras y el lenguaje humano. Su objetivo principal es permitir que las máquinas comprendan, interpreten y generen lenguaje humano de manera natural. (Moreira, y otros, 2020)

Otra función que puede utilizarse bajo NLP es lo que se denomina como "tokenización", que consiste en dividir el texto en unidades más pequeñas llamadas tokens que suelen ser palabras individuales, frases o partes de palabras, dependiendo del enfoque del análisis que se busca realizar. (Useche Gómez, 2022)

Aunado a que la implementación de NLP permite realizar análisis gramaticales, al identificar la estructura gramatical y sintáctica del texto. Esto incluye la identificación de partes del contenido (sustantivos, verbos, adjetivos, etc.), así como la determinación de relaciones gramaticales, como sujeto, predicado y objeto.

Así, las técnicas de NLP pueden utilizarse para ordenar, analizar y comprender el contenido de las declaraciones patrimoniales, toda vez que en ocasiones contienen texto no estructurado que puede variar en longitud, complejidad y estilo, lo que puede dificultar su procesamiento automático por parte de las máquinas. De forma que el NLP proporciona herramientas y técnicas para extraer información relevante y significativa de ese texto no estructurado. Facilitando así el procesamiento y automatización de la información contenida en las declaraciones.

Igualmente, el reconocimiento y la extracción de entidades nominales es otra tarea clave en el NLP. Lo cual consiste en identificar y clasificar formas en el texto, como por ejemplo nombres de personas, organizaciones, lugares, fechas, cantidades, entre otros. (Baciero Fernández, 2020) Siendo especialmente útil en el contexto de las declaraciones patrimoniales, donde es necesario identificar y analizar información específica, como propiedades, relaciones familiares, instituciones financieras, sociedades mercantiles, montos de inversión, etc.

En suma, el uso de técnicas de NLP en la gestión y análisis de declaraciones patrimoniales y de intereses permite un manejo e interpretación más preciso y eficiente de la información contenida en este tipo de documentos, lo que contribuye a una mejor fiscalización para la prevención y detección de posibles conflictos de interés y actos de corrupción.

Otra tecnología con gran potencial de implementación en esta materia es el Aprendizaje Automático o "Machine Learning". Que, como se recordará, es una faceta de la informática en la que los ordenadores o las máquinas adquieren la capacidad de aprender. Específicamente es definido como una técnica asociada a la detección automática de patrones relevantes dentro de un conjunto de datos, lo cual da a las computadoras la habilidad de aprender sobre algo para lo que no han sido explícitamente programadas. (Maisueche Cuadrado, 2019)

Concretamente en el contexto de las declaraciones patrimoniales, esta tecnología ofrece un enfoque poderoso para analizar y procesar grandes volúmenes de datos de forma automatizada, permitiendo la identificación de patrones, tendencias y posibles irregularidades que pueden pasar desapercibidas en el análisis humano de las declaraciones.

Destaca que su implementación requiere de la generación de modelos predictivos para, por ejemplo, predecir el riesgo de posibles conflictos de interés o actos de corrupción con base en patrones identificados en casos anteriores. Para su desarrollo se pueden utilizar diversas bibliotecas de código abierto[20] (como Scikit-learn de Python, por mencionar una) que

---

[20] Según Amazon Web Services por código abierto puede entenderse lo siguiente:

"El software de código abierto es software con código fuente que cualquiera puede inspeccionar, modificar y mejorar. El código fuente es la parte del software que los programadores informáticos manipulan para cambiar el funcionamiento de una aplicación o para agregar nuevas características. Cualquiera que tenga acceso al código fuente de un software puede mejorar o personalizar la aplicación al añadir funciones o solucionar errores existentes. El software de código abierto aparece en la mayoría de las aplicaciones web y los dispositivos que usa hoy en día."

Más información en:

https://aws.amazon.com/es/what-is/open-source/#:~:text=El%20software%20de%20c%C3%B3digo%20abierto%20es%20software%20con ofrecen herramientas y algoritmos que facilitan la construcción y entrenamiento de modelos de aprendizaje automático a gran escala. De forma que utilizando datos de declaraciones patrimoniales previas o ficticias, se enseñe al modelo a reconocer patrones específicos y realizar predicciones precisas.

Así, una vez entrenados, los modelos pueden ser desplegados para analizar nuevas declaraciones (inclusive en tiempo real) para generar alertas sobre posibles irregularidades que requieran atención adicional por parte de los entes fiscalizadores. Ofreciendo una herramienta poderosa para mejorar la eficiencia y la precisión en la detección y prevención de actos de corrupción y conflictos de interés, además de fortalecer las capacidades de fiscalización.

A ello se une la posibilidad de utilizar esquemas de Minería de Datos, lo cual utiliza técnicas estadísticas, de inteligencia artificial y de aprendizaje automático para analizar datos y encontrar información relevante que pueda ser utilizada para la toma de decisiones y la generación de conocimiento. Teniendo especial utilidad para la clasificación, segmentación, asociación y detección de anomalías. (Riquelme Santos, Ruiz, & Gilbert, 2006) Algunas de las plataformas más populares son RapidMiner y Weka.

En este punto se debe mencionar que la automatización no debe sustituir la revisión por parte de los entes fiscalizadores, sino que debe potenciarla. De forma que estas herramientas permitan realizar un mayor número de revisiones en un tiempo menor, pero sin perder la calidad de los análisis (un aumento cualitativo no siempre implica un aumento cualitativo). Permitiendo a los entes fiscalizadores la identificación automática de potenciales irregularidades o riesgos en un mayor número de casos, para posteriormente realizar análisis a profundidad de los potenciales casos identificados. En suma, utilizar la tecnología para obtener más cobertura y mayor profundidad de análisis.

Ahora bien, en cuanto a capacidades, el manejo de miles o inclusive millones de declaraciones patrimoniales y de intereses (al verse acumuladas las declaraciones de inicio, modificación y de conclusión, de todos los servidores públicos a nivel nacional con el pasar de los años) requerirá el uso de tecnología de Big Data para poder procesar, almacenar y analizar grandes volúmenes de información de manera eficiente.

%20c%C3%B3digo%20fuente,o%20para%20agregar%20nuevas%20caracter%C3%ADsticas.

Para ello, existen diversas herramientas y plataformas como Apache Hadoop, Apache Spark y Amazon Web Services (AWS) por mencionar algunas de las más populares. Las cuales ofrecen un conjunto de herramientas y servicios que facilitan la ingesta, el procesamiento y el análisis de grandes volúmenes de datos de manera distribuida para dividir las tareas en pequeñas unidades que pueden ejecutarse en paralelo, lo que permite un procesamiento más rápido y eficiente.

Dicho lo anterior, otra tecnología que puede mejorar la gestión y manejo de las declaraciones patrimoniales y de intereses es lo conocido como "Blockchain". Que, en esencia, puede ser entendido como un "libro de contabilidad", pero en formato digital. El cual se encuentra descentralizado y distribuido, en el que se registran de manera inalterable todas las transacciones o modificaciones realizadas. Un ejemplo muy conocido que utiliza esta tecnología es la moneda digital llamada Bitcoin.

La principal fortaleza de esta tecnología radica en su capacidad para garantizar la integridad y la transparencia de los datos. Dado que cada "bloque" de información está vinculado de forma cifrada al bloque anterior, se genera un registro completo de todas las transacciones o movimientos realizados. Además de que los datos registrados son sumamente difíciles de modificar o manipular retroactivamente, potenciando con ello la precisión, la confiabilidad y la transparencia. (Dolader Retamal, Bel Roig, & Muñoz Tapia, 2017)

Específicamente en el contexto de las declaraciones patrimoniales, puede utilizarse para crear un registro único, inmutable y verificable de todas las declaraciones, además de todos los cambios realizados en ellas. Así, cada declaración puede registrarse como un bloque en la cadena, vinculándolo de forma cifrada al bloque anterior y formando una secuencia continua de "transacciones" en la que cada declaración tendría una firma digital única asociada a la identidad del funcionario que la emitió. Ayudando con ello a prevenir la falsificación y la manipulación de las declaraciones, ya que cualquier intento de modificar los datos registrados en la cadena de bloques sería inmediatamente detectado e inclusive rechazado por la red.

Otro beneficio que ofrece esta tecnología es el alto nivel de seguridad y privacidad de los datos, ya que utiliza técnicas avanzadas de criptografía para proteger la información almacenada en la cadena de bloques. De forma que los datos personales y financieros contenidos en las declaraciones patrimoniales estarían protegidos contra accesos no autorizados y ataques cibernéticos.

En resumen, la implementación de Blockchain presenta potenciales beneficios para mejorar la transparencia del proceso de declaración, al permitir que todas las partes interesadas accedan y verifiquen los datos de manera rápida y segura con un alto grado de confiabilidad. Aunado a que se podrían eliminar intermediarios en el proceso, reduciendo los costos y la complejidad asociados con la verificación y la gestión de las declaraciones. Esto podría llevar a una mayor eficiencia y agilidad en el proceso de rendición de cuentas contribuyendo así a fortalecer la democracia y combatir la corrupción.

Referente a la seguridad y privacidad de los datos de las declaraciones, la adopción de nuevas tecnologías también puede generar mejoras sustanciales en dichos temas. Ya que, al contener datos sensibles, su cuidado es un aspecto crítico que debe ser abordado de manera efectiva para proteger la información y garantizar la confianza pública en el proceso de declaración. Para lograr esto, se pueden emplear diversas técnicas y herramientas, como el cifrado de datos y las herramientas de gestión de identidad y acceso.

El cifrado de datos es una técnica fundamental para proteger la confidencialidad y la integridad de la información en "tránsito" y en "reposo". Lo cual consiste en convertir los datos en un formato ilegible mediante algoritmos criptográficos, lo que garantiza que solo las personas autorizadas puedan acceder y comprender la información. El cifrado se aplica tanto durante el almacenamiento de las declaraciones en bases de datos como durante su transmisión a través de redes, asegurando que incluso si los datos son interceptados, permanezcan seguros y protegidos.

En el caso de las herramientas de gestión de identidad y acceso (IAM), son sistemas que permiten controlar y gestionar de manera centralizada el acceso a los recursos y la información dentro de una organización. Estas herramientas permiten definir políticas de acceso granular que especifican quién tiene permiso para acceder a qué recursos y en qué condiciones. Además, las herramientas IAM suelen incluir funcionalidades como la autenticación de usuarios, la autorización de acceso y el monitoreo de actividades para detectar y responder a posibles amenazas de seguridad. (Identity Management Institute, SF)

En el contexto de las declaraciones patrimoniales, el cifrado de datos y las herramientas IAM pueden ser utilizados para controlar el acceso a la información sensible y protegerla contra accesos no autorizados. Por ejemplo, se puede cifrar el contenido de las declaraciones mientras están en tránsito o almacenadas en servidores, asegurando que solo las partes autorizadas puedan acceder y descifrar los datos. Además, se pueden implementar políticas de acceso basadas en roles que limiten el acceso solo a aquellos usuarios que tengan una necesidad legítima de acceder a la información en el desempeño de sus funciones.

Es importante resaltar que al proteger los datos contra accesos no autorizados se garantiza la integridad y la confiabilidad de la información, lo que contribuye a fortalecer la confianza pública en el proceso de declaración y en las instituciones encargadas de su administración. Aunado a que el proteger dicha información es una responsabilidad de los entes fiscalizadores que captan y manejan las declaraciones.

Finalmente, la visualización de datos juega un papel fundamental en el análisis y la comprensión de la información contenida en las declaraciones. De esta forma, existen herramientas especializadas como Tableau, Power BI o Matplotlib que permiten representar gráficamente los datos de manera intuitiva y dinámica, lo que facilita su interpretación y análisis por parte de los usuarios finales o interesados.

Algunos beneficios que ofrece la implementación de nuevas tecnologías en la visualización de datos son que, al representar la información de manera gráfica, se facilita la identificación de patrones, tendencias y relaciones entre los datos, permitiendo a los usuarios tomar decisiones informadas de manera más rápida y eficiente. Además de que las visualizaciones interactivas permiten a los usuarios explorar los datos y profundizar en áreas específicas de interés, mejorando la comprensión y la interpretación de la información. De forma que estas herramientas pueden facilitar aún más la identificación de patrones y tendencias, promoviendo una mayor transparencia y rendición de cuentas.

En general, la combinación y aprovechamiento de estas tecnologías de forma integral puede ayudar a mejorar y potenciar la eficiencia, la transparencia y la integridad del proceso de declaración patrimonial y de intereses en México, fortaleciendo con ello a la rendición de cuentas y la lucha contra la corrupción.

Casos de Implementación de Nuevas Tecnologías en la Gestión Pública

Si bien son claros los múltiples beneficios que traen consigo los avances tecnológicos que se han presentado, a nivel internacional este tema no ha pasado desapercibido. Existiendo diversos casos en los que, como parte de una búsqueda continua de mejorar el quehacer gubernamental, fortalecer la transparencia y combatir actos delictivos, algunos países han comenzado a adoptar tecnologías innovadoras como la Inteligencia Artificial, el Big Data o el Blockchain en alguna de sus labores.

Aunque su implementación aún es parcial, estos avances están marcando un nuevo rumbo en la gestión gubernamental y en la promoción de una mayor rendición de cuentas. A continuación, se abordarán algunos ejemplos destacados de cómo estas tecnologías están siendo utilizadas en diferentes partes del mundo.

En Estados Unidos se han implementado diversas iniciativas pioneras que aprovechan tecnologías de vanguardia para fortalecer la transparencia y la rendición de cuentas en el ámbito gubernamental. Un ejemplo es el uso de Big Data por parte de la Comisión de Bolsa y Valores (SEC, por sus siglas en inglés) para abordar el fraude y la manipulación en el mercado financiero.

Lo cual es realizado a través de la recopilación y análisis de grandes volúmenes de datos financieros, de forma que la SEC puede identificar patrones y anomalías que podrían indicar posibles actividades fraudulentas, como el uso de información privilegiada o la manipulación de precios de acciones.

Este enfoque ha permitido a la SEC mejorar su capacidad de supervisión y fiscalización, identificando de manera más eficiente y rápida posibles violaciones de las leyes de valores. Facilitado, además, la identificación de áreas de riesgo y la focalización de recursos en aquellas actividades que representan una mayor amenaza para la integridad del mercado.

Los resultados de estas iniciativas han sido significativos, con un aumento en la detección y persecución de casos de fraude y manipulación financiera. Al aprovechar el potencial del Big Data, la SEC ha logrado mejorar la protección de los inversionistas y fortalecer la confianza en el mercado financiero, promoviendo así una mayor transparencia y responsabilidad en el sector. (Gray & Fata, 2017)

Otro caso es el de Reino Unido, país pionero en la adopción de tecnologías como la IA y el análisis de datos para modernizar la administración pública. Lo anterior, toda vez que algunos de los departamentos y agencias del gobierno del Reino Unido ya están desarrollando e implementando aplicaciones de Inteligencia Artificial en algunas de sus labores.

Por ejemplo, el Servicio Digital del Gobierno (GDS, por sus siglas en inglés) utiliza el aprendizaje automático para ayudar a automatizar y procesar los comentarios de los usuarios de encuestas en gov.uk, y para predecir las demandas de tráfico pico para el contenido más popular buscado por el público. Además, el GDS trabaja con el regulador de pensiones para mejorar la eficiencia mediante algoritmos predictivos en el comportamiento futuro de los esquemas de pensiones.

Aunado a ello, la HMRC ("Her Majesty's Revenue and Customs", autoridad tributaria del Reino Unido responsable de la recaudación de impuestos, la administración aduanera y la implementación de políticas fiscales) utiliza IA para ayudar a identificar las prioridades del centro de llamadas. Destacando que hay planes para que la Asociación de Gobierno Digital experimente con aplicaciones de aprendizaje automático en el Gobierno. (Hall & Pesenti, 2017)

A la par, Estonia ha destacado internacionalmente por su enfoque innovador en la incorporación de tecnología en la gestión gubernamental. Uno de los avances más significativos ha sido la adopción de la tecnología Blockchain en varios aspectos de la administración pública, lo que ha posicionado al país como líder en la transformación digital.

El gobierno de Estonia ha implementado el Blockchain en diversos ámbitos, aprovechando las capacidades de esta tecnología para garantizar la integridad y la transparencia de los registros públicos y la administración de identidad digital. Por ejemplo, el sistema de registros públicos está basado en Blockchain, lo cual permite a los ciudadanos acceder de manera segura a servicios gubernamentales en línea y realizar trámites como el registro de propiedad o el establecimiento de empresas de manera eficiente y transparente. (Sullivan & Burger, 2017)

La experiencia de Estonia en la adopción de la tecnología Blockchain en el sector público ha posicionado al país como un referente global en la transformación digital y la innovación gubernamental. Su experiencia podría servir como modelo para otros países en la implementación de soluciones similares.

Un caso más es la utilización de Inteligencia Artificial en China, lugar en el que se ha desarrollado notablemente su implementación en diversas áreas gubernamentales, revolucionando la gestión de los ciudadanos con el gobierno.

Por ejemplo, la Oficina de Asuntos Civiles de China aplica la inteligencia artificial en el proceso de solicitudes de pasaportes y visas, logrando reducir el tiempo de procesamiento de 30 días a 5 días. Lo cual ha llevado a una reducción de errores que suelen ocurrir en los procesos manuales, así como a un ahorro de costos debido a la disminución de personal y al hecho de que la inteligencia artificial puede trabajar las 24 horas del día, los 7 días de la semana, adaptándose a los horarios de los solicitantes. (Carranza Barona, Segura Torres, & Defas Ayala, 2023)

Además, en la Administración Nacional de Aduanas de China, se utiliza esta tecnología para escanear contenedores de carga. Esto ha reducido significativamente el tiempo de escaneo de 24 horas a 2 horas, lo que ha disminuido la congestión en los puntos de entrada y ha agilizado la logística y el comercio marítimo, con un efecto positivo en la economía a nivel nacional e internacional. (Carranza Barona, Segura Torres, & Defas Ayala, 2023)

A la par, en Singapur existen los e-Claims", basados en un desarrollo de Inteligencia Artificial que revisa y presenta reclamaciones de seguros de salud, manteniendo a los ciudadanos informados en todo momento. Demostrando como en Singapur se explota el potencial de nuevas tecnologías para automatizar y eficientizar tareas administrativas en los servicios públicos. (Carranza Barona, Segura Torres, & Defas Ayala, 2023)

Es de destacar que estos ejemplos ilustran claramente el impacto transformador que puede tener la innovación tecnológica en el sector gubernamental. Siendo evidente que cada vez más países seguirán estos modelos en el futuro para mejorar la prestación de servicios públicos.

Finalmente, es importante destacar que el potencial de estas tecnologías va más allá de simplemente agilizar procesos, ya que también pueden fomentar la participación ciudadana en la toma de decisiones gubernamentales al empoderar a los ciudadanos. Lo cual, a la vez, fortalece la confianza en las instituciones gubernamentales y promueve una mayor transparencia y rendición de cuentas.

Retos en la Implementación de Nuevas Tecnologías en las Declaraciones Patrimoniales y de Intereses en México

Hasta este punto son claros los múltiples beneficios que traen consigo los avances tecnológicos que se han presentado, teniendo múltiples casos de éxito que refuerzan dicho entendido. Sin embargo, es importante tener en cuenta que la implementación exitosa de estas tecnologías no está exenta de múltiples desafíos. Por ejemplo, la protección de la privacidad de los datos, la seguridad y la equidad en el acceso son solo algunos de los aspectos que deben abordarse cuidadosamente para garantizar que el uso de estas tecnologías beneficie a todos los ciudadanos de manera justa y equitativa.

Específicamente la implementación de mejoras en el proceso de declaración patrimonial y de intereses en México mediante tecnologías como la IA, el Big Data y Blockchain podría enfrentar varios retos significativos. Los cuales no solo implican cuestiones tecnológicas, sino también aspectos relacionados con la infraestructura, la seguridad y la cultura organizacional.

Uno de los desafíos más importantes es la disponibilidad de una infraestructura tecnológica adecuada y suficiente a lo largo del país. Esto incluye la disponibilidad equipos de cómputo y de conexiones de internet confiables y de alta velocidad, ya que son fundamentales para el procesamiento y la transmisión de grandes volúmenes de datos. Además de requerirse sistemas de almacenamiento de datos masivos para manejar la gran cantidad de información generada por las declaraciones patrimoniales y de intereses.

Otro desafío importante es garantizar la seguridad de los datos. Ya que la implementación de nuevas tecnologías implicaría el procesamiento y la transferencia de información sensible y confidencial, lo que aumenta el riesgo de exposición a amenazas cibernéticas y violaciones de la privacidad. Por lo tanto, sería crucial implementar medidas de seguridad robustas, como cifrado de datos, autenticación de usuarios y monitoreo continuo de la red, para proteger la información contra accesos no autorizados y ataques maliciosos. Destacando que existen diversas herramientas tecnológicas cuya implementación aumenta directa o indirectamente la seguridad en el manejo y transmisión de información.

Además de los aspectos tecnológicos y de seguridad, también sería necesario abordar los desafíos relacionados con la cultura organizacional y la capacitación del personal. La adopción de nuevas tecnologías requiere un cambio cultural y una mentalidad abierta hacia la innovación y el cambio. Es posible que algunos funcionarios públicos y empleados no estén familiarizados con el uso de tecnologías avanzadas, por lo que sería necesario proporcionar capacitación y recursos adecuados para garantizar una adopción exitosa y una utilización efectiva de estas herramientas.

Otro desafío importante sería la integración de estas tecnologías con los sistemas existentes de declaración patrimonial y de intereses en México. Ya que es posible que estos sistemas estén basados en tecnologías más tradicionales o inclusive obsoleta y, por lo tanto, no sean compatibles con las nuevas soluciones tecnológicas. De forma que se requeriría una cuidadosa planificación e implementación para garantizar una transición efectiva.

También es importante destacar que la implementación exitosa podría requerir cambios en la legislación y regulación existentes para adaptarse a las nuevas realidades tecnológicas. Esto incluiría la necesidad de establecer marcos legales claros y actualizados que definan el uso y la gestión de datos bajo estas tecnologías, así como normativas específicas para garantizar la seguridad y la privacidad de la información. Requiriendo, además, mecanismos de supervisión y cumplimiento para asegurar que todas las partes involucradas cumplan con las normativas establecidas y se protejan los derechos de los ciudadanos en relación con sus datos personales y financieros.

En síntesis, debe señalarse que la implementación de estas tecnologías conlleva costos financieros significativos que deben ser considerados en la planificación y ejecución de proyectos relacionados con ellas. Estos costos pueden incluir el desarrollo y la personalización de software específico para la gestión de datos, la adquisición de hardware especializado para el procesamiento y almacenamiento de grandes volúmenes de información, así como la capacitación del personal en el manejo de estas tecnologías. Recalcando que, si bien existen herramientas de código abierto, en algunos casos pudieran resultar insuficientes.

Aunado a lo anterior, también se deben considerar los costos continuos de mantenimiento y actualización de la infraestructura tecnológica, así como los posibles gastos relacionados con la integración de sistemas existentes con las nuevas soluciones tecnológicas. Por lo tanto, se necesitaría de recursos financieros bastos para garantizar el éxito a largo plazo de estos proyectos y maximizar su impacto en la mejora de la transparencia y la rendición de cuentas en el sector público.

En suma, abordar los retos mencionados en la implementación de tecnologías en las declaraciones patrimoniales y de intereses en México requeriría un enfoque integral y colaborativo que involucre a múltiples partes interesadas. El gobierno, el sector privado, la sociedad civil y la academia deben unirse en un esfuerzo conjunto para superar los desafíos tecnológicos, legales, financieros y culturales que se presenten.

Para lo cual es fundamental que las autoridades gubernamentales muestren un compromiso firme con la promoción de la transparencia y la rendición de cuentas. Esto implicaría la adopción de medidas concretas para actualizar la legislación y regulación existente, así como para asignar recursos financieros adecuados para la implementación de tecnologías avanzadas en el proceso de declaración patrimonial y de intereses.

Además, se necesitaría una campaña de sensibilización y educación dirigida a todas las partes interesadas para fomentar la aceptación y adopción de estas tecnologías.

En resumen, abordar los retos en la implementación de tecnologías en las declaraciones patrimoniales y de intereses en México requerirá un compromiso sólido y continuo de todas las partes involucradas. Sin embargo, el potencial de estas tecnologías para mejorar la transparencia y la rendición de cuentas en el sector público justifica plenamente estos esfuerzos conjuntos.

Cambio en el Modelo de Evolución Patrimonial en México

En el contexto actual de la lucha contra la corrupción y la promoción de la transparencia en México, el proceso de declaración patrimonial y de intereses se instituye como una herramienta fundamental para garantizar la rendición de cuentas de los funcionarios públicos y prevenir o detectar posibles conflictos de interés y actos de corrupción. Sin embargo, el esquema tradicional de estas declaraciones, basado en la honestidad y veracidad de la información proporcionada por los declarantes, plantea desafíos significativos en términos de confiabilidad.

La tradicional "protesta de decir verdad"[21] en la que los declarantes juran la veracidad de la información presentada, si bien es un elemento central del proceso, también genera dudas sobre su efectividad en la detección y prevención de posibles irregularidades. En este sentido, surge la interrogante: ¿es realmente viable depender exclusivamente de la palabra

---

[21] Recordando que el artículo 108 constitucional en su último párrafo establece lo siguiente:

"Los servidores públicos a que se refiere el presente artículo estarán obligados a presentar, bajo protesta de decir verdad, su declaración patrimonial y de intereses ante las autoridades competentes y en los términos que determine la ley."

de los declarantes para garantizar la integridad de las declaraciones patrimoniales y de intereses?

Si bien son claros y evidentes los múltiples beneficios que potencialmente traerían consigo la implementación de avances tecnológicos en el esquema actual de evolución patrimonial y detección de conflicto de interés, es importante señalar que, si se parte de datos poco veraces, falsos o inclusive inexistentes, de poco a nada servirá la implementación de nuevas tecnologías en la gestión y análisis de información patrimonial y de intereses para detectar o prevenir actos de corrupción o conflictos de interés.

De esta forma, en este apartado se explorará un enfoque alternativo y más robusto para el proceso de análisis patrimonial y de intereses. Apoyado en registros oficiales y datos verificables en lugar de la simple declaración de la persona. Planteando un cambio fundamental en la manera en que se recopila y verifica la información, abriendo la puerta a una mayor objetividad y confiabilidad en el proceso.

En este punto no debe perderse de vista que el objetivo central de la declaración patrimonial y de intereses es generar un mecanismo de control y seguimiento a las propiedades, bienes y relaciones que pudieran comprometer el actuar imparcial de los servidores públicos, así como la detección de casos de enriquecimiento ilícito a costa de un trabajo gubernamental.

Así pues, partir de dicho enfoque además de robustecer la veracidad de la información también conlleva una serie de beneficios significativos, entre los que destaca la notable reducción de la carga administrativa para todos los involucrados. Ya que, en el esquema tradicional, los declarantes deben dedicar tiempo y esfuerzos para recopilar, organizar y presentar la información requerida en sus declaraciones patrimoniales y de intereses. Esto puede resultar en una carga administrativa considerable, especialmente para aquellos con activos o inversiones complejas que requieren una documentación detallada.

Por lo tanto, al utilizar datos ya existentes para pre llenar las declaraciones (como registros financieros, de propiedad, civiles, mercantiles y otros registros de carácter oficial) se elimina la necesidad de que los declarantes ingresen manualmente esta información. En lugar de recopilar y proporcionar los datos ellos mismos, simplemente autorizan el acceso a sus registros oficiales, lo que simplifica enormemente el proceso y reduce la cantidad de tiempo y recursos necesarios por parte de los servidores públicos.

Esto no solo agiliza el proceso de evaluación de las declaraciones, sino que también reduce la probabilidad de errores humanos y fraudes al minimizar la manipulación directa de la información. Como resultado, las autoridades pueden dedicar sus recursos a tareas de mayor valor, como el análisis de datos para la detección de posibles irregularidades (lo cual puede ser potenciado aún más por alguna de las tecnologías presentadas anteriormente) y no únicamente a corroborar la presentación u omisión de las declaraciones.

De esta forma, la precisión mejorada de las declaraciones prellenadas no solo beneficia a los declarantes al reducir la posibilidad de sanciones por errores involuntarios, sino que también fortalece el cumplimiento normativo en su conjunto. Ya que al garantizar que la información reportada sea precisa y verificable, se promueve la integridad del proceso de declaración.

Del mismo modo, la adopción de este enfoque (basado en registros administrativos e información de carácter oficial y de registros empresariales como bancos) también mejora significativamente la eficiencia del proceso en su conjunto. Al eliminar la necesidad de que los servidores públicos ingresen manualmente la información en sus declaraciones, se reduce considerablemente el tiempo y los recursos necesarios para completar el proceso.

Resaltando que debe generarse un momento para que los declarantes tengan la oportunidad de revisar y corregir la información precargada antes de que se concluyan las declaraciones, con la finalidad de abordar cualquier preocupación o detalle sobre la precisión de los datos utilizados. Aunado a que puedan incluir información adicional, al tener, por ejemplo, casos en los que cuenten con activos o bienes en el extranjero, dado que su inclusión precargada se dificulta o imposibilita al depender de registros de entidades públicas o privadas foráneas.

Dicho lo anterior, sobresale que una mayor eficiencia en el proceso de presentación de declaraciones también se traduce en una reducción de los costos asociados con la administración. Al simplificar los procedimientos y automatizar tareas anteriormente manuales, las autoridades pueden asignar recursos de manera más efectiva y maximizar sus capacidades para cumplir con sus responsabilidades de manera oportuna y efectiva.

Incentivando, además, el cumplimiento de la presentación de la declaración al ser un proceso más ágil y sencillo. Ya que, bajo el modelo actual, muchos declarantes pueden considerarlo un proceso abrumador, lo que puede llevar a la procrastinación o al incumplimiento de las obligaciones. Por lo que, al proporcionar una herramienta clara y fácil de usar, se empodera a los declarantes y se les motiva a participar de manera activa y responsable en el sistema de rendición de cuentas.

Finalmente, este cambio también puede repercutir positivamente en la confianza que la ciudadanía tiene en el gobierno, ya que los ciudadanos pueden tener certeza en que la información presentada refleja con precisión la situación patrimonial y de intereses de los servidores públicos, lo que promueve la confianza en el sistema democrático y en las instituciones.

Por otra parte, destaca que el uso de este enfoque ya ha sido contemplado por algunos otros países, teniendo el caso de Albania. Toda vez que así lo señala el documento *"Mapeo de Buenas Prácticas Sistemas Automatizados de Verificación del Contenido de las Declaraciones Patrimoniales"* de la Secretaría Ejecutiva del Sistema Nacional Anticorrupción. En el que se menciona que el sistema de declaraciones de Albania está diseñado para tener interconexiones con bases de datos de otras instituciones gubernamentales y realizar así la verificación correspondiente. Destacando que, según el referido documento, esto aún no ha ocurrido. (Secretaría Ejectuvia del Sistema Nacional Anticorrupción, 2024)

También es importante mencionar que en el esquema actual en México no es que no se utilice la información de los registros oficiales para corroborar lo declarado por los servidores públicos, el tema es que dicho análisis es realizado de forma posterior a la presentación de la declaración. Tomando como punto de partida lo declarado por el servidor público "bajo protesta de decir verdad" contra lo existente en registros oficiales, derivado de una muestra representativa de las declaraciones para realizar el análisis de evolución patrimonial.

No obstante, se reitera que el partir de datos oficiales para el prellenado robustece la veracidad de la información proporcionada desde un inicio, simplificando y eficientizando a la vez el proceso.

Ahora bien, es importante tener en cuenta que la implementación de este cambio de paradigma no está exenta de múltiples retos. Por ejemplo, si bien la transferencia de datos oficiales de instituciones gubernamentales e inclusive privadas (como los bancos) a los entes fiscalizadores puede agilizar y repercutir positivamente en el proceso actual, esto solo será viable si se encuentran elementos como una infraestructura tecnológica adecuada y suficiente entre quienes proporcionen y adquieran la información.

Lo cual incluye la disponibilidad equipos de cómputo, conexiones de internet confiables con fuertes protocolos de seguridad y sistemas interoperables (fundamentales para el procesamiento y la transmisión de grandes volúmenes de datos), aunado a que se requeriría una coordinación efectiva para compartir los datos de manera segura y eficiente.

Lo anterior sin obviar que, al igual que en la implementación de nuevas tecnologías, cualquier cambio en el ámbito de las declaraciones patrimoniales y de intereses requiere especial atención a la protección de la privacidad de los datos personales y la seguridad.

Por lo que este cambio requeriría un enfoque integral y colaborativo que involucre al gobierno, el sector privado, la sociedad civil y la academia para superar los desafíos tecnológicos, legales, financieros y culturales que se presenten. Llevando a la adopción de medidas concretas para actualizar la legislación y regulación existentes, así como detonar una coordinación efectiva para el aprovechamiento de datos oficiales pertinentes.

Conclusión: Avanzando Hacia un Futuro Tecnológico, Transparente y Eficiente

Abatir la corrupción y los abusos de poder en el quehacer gubernamental es una prioridad y una exigencia en los sistemas democráticos, bajo la demanda de que aquellos que integran al Estado y ostentan algún grado de autoridad o poder actúen responsablemente.

De esta forma, a lo largo de la historia la rendición de cuentas y la responsabilidad gubernamental se han promovido mediante diversos mecanismos e instancias. Siendo su objetivo fomentar la eficiencia, la rendición de cuentas y la transparencia en las instituciones públicas a nivel mundial. Ejemplos notables de esto incluyen la Convención Interamericana Contra la Corrupción, la Convención de las Naciones Unidas contra la Corrupción (UNCAC) y la Política Nacional Anticorrupción en el caso de México.

Destacando que en México se ha instaurado a la declaración de situación patrimonial y de intereses como parte de los mecanismos que buscan fortalecer la rendición de cuentas y el combate a la corrupción en el Estado Mexicano. Sin embargo, dicho mecanismo enfrenta desafíos en términos de precisión, confiabilidad y eficiencia.

Bajo dicho entendido, sobresale que la lucha contra la corrupción y la mejora de la gestión gubernamental demandan acciones audaces, inteligentes e innovadoras. Para lo cual es necesario emplear nuevos métodos, estrategias y fuentes de información que promuevan un servicio público eficiente, imparcial y profesional, fundamentado en la sensibilidad social, la responsabilidad, la transparencia y la rendición de cuentas.

Este panorama plantea una serie de desafíos y oportunidades en los cuales la Ciencia de Datos, el Big Data, la Inteligencia Artificial y otras tecnologías emergen como herramientas cruciales. Ofreciendo la posibilidad de transformar la inspección y evaluación del servicio público y de las instituciones que componen el Estado Mexicano.

Por ello, a lo largo de este escrito se ha presentado el panorama de las declaraciones patrimoniales y de intereses en México. Explorando desde los conceptos básicos de Ciencia de Datos, Big Data, Inteligencia Artificial y otras tecnologías, hasta el análisis de casos de implementación en diferentes países, para comprender cómo su aprovechamiento puede transformar radicalmente la forma en que se recopilan, analizan y utilizan los datos en el proceso de declaración patrimonial y de intereses.

Profundizando, además, en cómo estas tecnologías no solo pueden mejorar la credibilidad, la eficiencia y la precisión del proceso, sino también fortalecer la transparencia y la rendición de cuentas en el sector público mediante la simplificación de la carga administrativa y la facilitación del cumplimiento de las obligaciones. Comprendiendo que las nuevas tecnologías ofrecen un camino hacia un futuro en el que el gobierno sea más transparente, eficiente y responsable ante sus ciudadanos.

Subrayando que, si bien es evidente que su adopción presenta una serie de posibles beneficios, también es cierto que se enfrentan diversos desafíos en su implementación y aprovechamiento. Incluyendo la necesidad de incorporar personal en las instituciones públicas de todos los niveles con conocimientos y habilidades en el desarrollo y uso de estas herramientas tecnológicas. Además de existir desafíos relacionados con la cultura organizacional y la importancia de que exista una legislación y regulación adecuada.

Requiriendo la creación de plataformas robustas para almacenar y procesar cantidades masivas de información de manera eficiente. Con condiciones de interoperabilidad para garantizar la fluidez, la seguridad y la coherencia en el intercambio de datos. Con el objetivo de identificar posibles irregularidades y desarrollar estrategias efectivas en las labores de fiscalización, transparencia, rendición de cuentas y combate a la corrupción en México.

Finalmente, a pesar de estos desafíos, es crucial promover el cambio hacia un modelo basado en datos oficiales, automatizado y sobre todo tecnológico, para avanzar hacia un sistema de evolución patrimonial y de intereses más confiable y efectivo. Instando a que todas las partes interesadas e involucradas trabajen juntas para superar estos retos, aprovechando plenamente el potencial de las nuevas tecnologías.

Referencias

Amazon Web Services. (SF de SF de SF). *¿Qué es la ciencia de datos?* Recuperado el 4 de enero de 2024, de Amazon AWS: https://aws.amazon.com/es/what-is-data-science/

Amazon Web Services. (SF de SF de SF). *¿Qué es la inteligencia artificial?* Obtenido de Amazon AWS: https://aws.amazon.com/es/what-is/artificial-intelligence/

Baciero Fernández, J. I. (26 de junio de 2020). *Archivo Digital UPM Universidad Politécnica de Madrid.* Obtenido de Univesidad Politécnica de Madrid: https://oa.upm.es/62858/

BBC Mundo. (27 de enero de 2011). *La crisis financiera de 2008 en Estados Unidos "habría podido evitarse".* Obtenido de BBC NEWS Mundo: https://www.bbc.com/mundo/noticias/2011/01/110127_economia_eeuu_crisis_evitable_jrg

BBC News Mundo. (14 de abril de 2021). *Muere Bernie Madoff, el hombre que orquestó el mayor esquema Ponzi de la historia.* Obtenido de BBc NEWS Mundo: https://www.bbc.com/mundo/noticias-internacional-56750779#:~:text=El%20inversionista%20orquest%C3%B3%20el%20mayor,valorarse%20en%20US%2468.000%20millones.

Cámara de Diputados del H. Congreso de la Unión. (20 de mayo de 2021). *Leyes Federales Vigentes.* Obtenido de Cámara de Diputados: https://www.diputados.gob.mx/LeyesBiblio/pdf/LSNIEG_200521.pdf

Cámara de Diputados del H. Congreso de la Unión. (20 de mayo de 2021). *Leyes Federales Vigentes.* Recuperado el 15 de Julio de 2023, de Cámara de Diputados: https://www.diputados.gob.mx/LeyesBiblio/pdf/LGSNA_200521.pdf

Cámara de Diputados del H. Congreso de la Unión. (8 de noviembre de 2023). *Leyes Federales Vigentes.* Recuperado el 18 de Julio de 2023, de Cámara de Diputados: https://www.diputados.gob.mx/LeyesBiblio/pdf/LGTAIP_200521.pdf

Cámara de Diputados del H. Congreso de la Unión. (8 de mayo de 2023). *Leyes Federales Vigentes.* Recuperado el 13 de Julio de 2023, de Cámara de Diputados: https://www.diputados.gob.mx/LeyesBiblio/pdf/CPEUM.pdf

Carranza Barona, J. C., Segura Torres, V. E., & Defas Ayala, R. V. (2023). La inteligencia artificial en los procesos de administración pública. *Revista Latinoamericana de Ciencias Sociales y Humanidades*, 1485-1495.

Castillo Aucancela, A. M. (2021). La era del big data y open data en la administración pública. *Revista Eurolatinoamericana de Derecho Administrativo*, 61-76.

Dolader Retamal, C., Bel Roig, J., & Muñoz Tapia, J. (2017). La Blockchain: fundamentos, aplicaciones y relación con otras tecnologías disruptivas. *Economía Industrial*, 33-40.

Gray, E., & Fata, C. (2017). Increased Use of Big Data in SEC Enforcement. *The Review of Securities & Commodities Regulation*, 145-149.

Hall, W., & Pesenti, J. (2017). *Growing the artificial intelligence industry in the UK.* Londres: Department for Digital, Culture, Media and Sport (United Kingdom) y Department for Business, Energy and Industrial Strategy (United Kingdom).

IBM. (5 de diciembre de 2023). *¿Qué es la Ciencia de Datos?* Obtenido de IBM: https://www.ibm.com/mx-es/topics/data-science

Identity Management Institute. (SF de SF de SF). *IDENTITY AND ACCESS MANAGEMENT REPORT 2022.* Obtenido de Identity Management Institute Center for Identity Govermance: https://identitymanagementinstitute.org/identity-and-access-management-report-2022/

INEGI. (7 de Marzo de 2024). *Censo Nacional de Gobierno Federal 2023.* Obtenido de INEGI Subsistema de Información de Gobierno, Seguridad Pública e Impartición de Justicia: https://www.inegi.org.mx/programas/cngf/2023/#tabulados

INEGI. (7 de Marzo de 2024). *Censo Nacional de Gobiernos Estatales 2023.* Obtenido de INEGI Subsistema de Información de Gobierno, Seguridad Pública e Impartición de Justicia: https://www.inegi.org.mx/programas/cnge/2023/#tabulados

INEGI. (7 de Marzo de 2024). *Censo Nacional de Impartición de Justicia Federal 2023.* Obtenido de INEGI Subsistema de Información de Gobierno, Seguridad Pública e Impartición de Justicia: https://www.inegi.org.mx/programas/cnijf/2023/

INEGI. (21 de febrero de 2024). *Subsistema de Información de Gobierno, Seguridad Pública e Impartición de Justicia: Encuesta Nacional de Calidad e Impacto Gubernamental (ENCIG) 2021.* Obtenido de INEGI Programas de Información: https://www.inegi.org.mx/programas/encig/2021/#informacion_general

Lanz Cárdenas, J. T. (1993). *La Contraloría y el Control Interno de México.* Ciudad de México: Fondo de Cultura Económica.

Lemus Delgado, D., & Pérez Navarro, R. (2020). Ciencia de datos y estudios globales: aportaciones y desafíos metodológicos. *Colombia Internacional*, 41-62.

M. Sandri, P. (03 de agosto de 2012). *Sociedad: Historia de la Corrupción.* Obtenido de La Vanguardia: https://www.lavanguardia.com/estilos-de-vida/20120803/54331562523/historia-de-la-corrupcion.html

Maisueche Cuadrado, A. (NA de septiembre de 2019). *Trabajos Fin de Máster UVa.* Obtenido de Universidad de Valladolid. Escuela de Ingenierías Industriales: https://uvadoc.uva.es/handle/10324/37908

Moreira, D., Cruz, I., Gonzalez, K., Quirumbay, A., Magallan, C., Guarda, T., . . . Castillo, C. (2020). Análisis del Estado Actual de Procesamiento de Lenguaje Natural. *Revista Ibérica de Sistemas e Tecnologias de Informação*, 126-136.

Petteri Rouhiainen, L. (2018). *INTELIGENCIA ARTIFICIAL 101 cosas que debes saber hoy sobre nuestro futuro.* Barcelona, España: Alienta.

Riquelme Santos, J. R., Ruiz, R., & Gilbert, K. (2006). Minería de Datos: Conceptos y Tendencias. *Inteligencia Artificial: Revista Iberoamericana de Inteligencia Artificial*, 11-18.

Secretaría de Relaciones Exteriores. (29 de marzo de 1996). *Tratados Internacionales*. Recuperado el 30 de octubre de 2023, de Gobierno de México: https://www.oas.org/es/sla/ddi/docs/tratados_multilaterales_interamericanos_b-58_contra_corrupcion.pdf

Secretaría de Relaciones Exteriores. (31 de octubre de 2003). *Tratados Internacionales*. Recuperado el 30 de octubre de 2023, de Gobierno de México: https://www.unodc.org/pdf/corruption/publications_unodc_convention-s.pdf

Secretaría Ejectuvia del Sistema Nacional Anticorrupción. (13 de marzo de 2024). *SESNA INFORMA Documentos, estudios, datos y noticias*. Obtenido de SESNA: https://www.sesna.gob.mx/2024/03/13/mapeo-de-buenas-practicas-de-sistemas-automatizados-de-verificacion-del-contenido-de-declaraciones-patrimoniales/

Secretaría Ejecutiva del Sistema Nacional Anticorrupción. (29 de enero de 2020). *Conoce la Política Nacional Anticorrupción*. Obtenido de Secretaría Ejecutiva SNA: https://www.sesna.gob.mx/politica-nacional-anticorrupcion/

Sullivan, C., & Burger, E. (2017). E-Residency and Blockchain. *Computer Law & Security Review*, 470-481.

Transparencia Internacional. (31 de enero de 2023). *EL ÍNDICE DE PERCEPCIÓN DE LA CORRUPCIÓN 2022 REVELA ESCASOS AVANCES CONTRA LA CORRUPCIÓN EN UN CONTEXTO MUNDIAL CADA VEZ MÁS VIOLENTO*. Obtenido de Transparency International: https://www.transparency.org/es/press/2022-corruption-perceptions-index-reveals-scant-progress-against-corruption-as-world-becomes-more-violent

Useche Gómez, J. (31 de octubre de 2022). *Maestría en Analítica Aplicada*. Obtenido de universidad de La Sabana: https://intellectum.unisabana.edu.co/handle/10818/53124

www.ingramcontent.com/pod-product-compliance
Lightning Source LLC
Chambersburg PA
CBHW062117220526
45471CB00010B/3768